思想政治教育仪式

刘煜昊 著

知识产权出版社
全国百佳图书出版单位
—北京—

图书在版编目（CIP）数据

思想政治教育仪式/刘煜昊著．—北京：知识产权出版社，2021.6
ISBN 978-7-5130-7091-1

Ⅰ.①思… Ⅱ.①刘… Ⅲ.①高等学校—思想政治教育—研究—中国 Ⅳ.①G641

中国版本图书馆 CIP 数据核字（2020）第 142180 号

内容提要

本书综合分析了仪式与思想政治教育的内在关联性，以归纳思想政治教育仪式这一基础性概念，并以此概念性的框架展示思想政治教育仪式理论的基础性内容，以及在未来理论研究中的某些可能性。本书依据人类学仪式研究的成果观点，通过思想政治教育仪式对“微观”个体性行为的考量与“宏观”大社会的视域进行有机统一，强调思想政治教育仪式理论的创造力、方法论及分析方式等。

责任编辑：李小娟　　　　**责任印制**：孙婷婷

思想政治教育仪式

SIXIANG ZHENGZHI JIAOYU YISHI

刘煜昊　著

出版发行：	知识产权出版社有限责任公司	**网　　址**：	http：//www.ipph.cn
电　　话：	010-82004826		http：//www.laichushu.com
社　　址：	北京市海淀区气象路 50 号院	**邮　　编**：	100081
责编电话：	010-82000860 转 8531	**责编邮箱**：	lixiaojuan@cnipr.com
发行电话：	010-82000860 转 8101	**发行传真**：	010-82000893
印　　刷：	北京虎彩文化传播有限公司	**经　　销**：	各大网上书店、新华书店及相关专业书店
开　　本：	720mm×1000mm　1/16	**印　　张**：	11
版　　次：	2021 年 6 月第 1 版	**印　　次**：	2021 年 6 月第 1 次印刷
字　　数：	158 千字	**定　　价**：	69.00 元

ISBN 978-7-5130-7091-1

前　言

“问题”意识是研究生学习的关键，是思考的基础。“问题”多是来源于对理论知识梳理、学习及某些学科间存在的关联性，又或是来自现实实践中的考察。之所以本书选择思想政治教育仪式这个论题，也是源于本人在学习、思考过程中的某些追问。虽然这些刍论中不乏先验性的成分，甚至存在谬误，但对本书自身的逻辑阐述是有利的，故此赘述。

思想政治教育是人类社会专属的社会实践活动，思想政治教育的各个方面都是围绕“人”而展开的。从某种意义上讲，思想政治教育于“人”的对象性是全面的，故应具有最广泛的意义。思想政治教育如同在其他人类社会形态下的那些形式一般，实现着它在社会系统中的功能。有的人妄想在现在的中国社会中剔除思想政治教育、认为思想政治教育是可有可无的，这是忽略了社会系统的完整性，思想政治教育不是“挂件”，而是“组成部分”。还有的人期望通过“逃”的思维来面对它，一“逃”了之，可以是脱离于人类社会，也可以是“逃”到那些标榜所谓“自由”的国度去，只能说同样是痴心妄想。因为马克思主义所揭露的人的本质，是“社会性”的，所以“逃”的结果，只会是走向对自我的否定，最终它是反人类的。所以说，无论是从理论构建层面，还是在人们现实的生活中，都体现出思想政治教育的某种必然性，而要进行思想政治教育问题的进一步探讨，首先要遵循的前提条件，就是尊重它、承认它的这种“必然性”；也就是说，思想政治教育中的问题，只能通过思想政治教育本身来解决。

基于这一点，在考虑有关思想政治教育问题的时候，似乎摆在眼前的只有两个方向：调整，在程度上予以强化、弱化，以求在其内涵与外延上得以丰富或是延展；重构，对现有思想政治教育进行解构、再解读和重构的过程，或是以某种全新的视角去重新解读、理解思想政治教育本身，以求在某种程度、某些范围内重新制定其中的某些规范。

本书就是期望在这第二个方向上进行一些初步的探索，争取在思想政治教育的实效性问题上有所突破，大体上的思路是通过学界仪式研究成果的视角去审视、重新考量思想政治教育，为什么做这样的尝试？因为从策略的角度上讲，当我们遇见问题的时候，并非只有“针对问题，解决问题”这一条思路，特别是在基于原本的考虑已经陷入瓶颈的时候，往往是通过“引入新的问题来解决旧的问题”的，或者讲，解决问题不再是从原本给出的选项中去做出选择，而是要去消解问题本身。具体讲，这样是有一些好处的，如弥补传统课堂教学的“短板”；消解教育者与受教育者之间的“二元对立”；补齐“思想政治教育”中受教育者的“感性认识”；化解学校教育、社会教育“两张皮”现象；促进中华优秀传统文化、大众文化与主流意识形态间的交流与融合等。不谈是否能彻底地解决这样一些问题，但求做出一些积极性的讨论，还请诸君海涵。

目 录

第一章　理论基础

第一节　思想政治教育仪式研究意义

选择思想政治教育仪式这一论题进行研究，具有十分重要的意义。具体从以下三个方面来论述。

一、从理论积累方面看，有利于丰富思想政治教育理论体系

在当今社会科学界，学科间的交叉应用及研究成为一种主流。各学科自身建设发展中，学科边界越来越淡化。似乎每一次新的学科间交叉、概念的引入都会使本学科的理论体系丰富、拓展，然而需要指出的是，这种丰富的旨意并不应只是停留在“内容”上的增加，所以具体问题还需具体分析。通过本选题的研究，可以清晰地看到这种丰富的表现。例如，仪式在控制人的标准行为上有重要的作用。这种控制不仅是在行动上，而且也要求意识与行为方式上的一致。仪式是具有明确的程序的，是仪式的严肃性的表达。程序不是随意的设计，或者从天而降的条款，任何程序上的细枝末节无不渗透“国家符号”的介入。仪式是一个巨大的话语，仪式化的

行为可以解释我们现实生活中的许多行为，同样也包括在思想政治教育这项实践活动中。

二、从实践指导方面看，有利于增强思想政治教育的实效性

当前，对于思想政治教育的实效为什么不高，许多学者都做了讨论。有的认为思想政治教育中的“灌输”太多，方法单一，方式僵化；有的则认为“思想政治教育”只顾“说教”，而没有具体教、该怎么做等。客观地说，这些分析句句有道理，分析得十分到位，可是问题依旧在那里。由此，思想政治教育仪式的意义就显现出来了。思想政治教育的仪式活动，可以被视为属于隐形教育中的部分，但不仅仅如此，这种对仪式认识的局限，一定程度上也导致仪式应用于思想政治教育时的不到位。当然，我们可以看到，仪式对于思想政治教育的重要性已经引起学者们的广泛关注，在政策层面也出台了很多积极的鼓励文件。所以，如何让仪式真的对思想政治教育起到应有的作用，就是本书的核心讨论点。

三、从学科建设方面看，有利于拓宽思想政治教育学科的发展取向

从1984年开始算起，思想政治教育至今已经走过30多个年头。经过众多知名学者的不懈努力，思想政治教育已经建立完整的理论体系。在不断研究、深挖思想政治教育理论时，马克思主义理论是我们的根本指导思想，而且不仅是研究思想，关键在于理论品质的要求。基于此，张耀灿提出“围绕人的活动来构建思想政治教育学”[1] 的思路，具有十分重要的启

---

[1] 张耀灿，等. 现代思想政治教育学科论［M］. 武汉：湖北人民出版社，2003：92－95.

示意义。在人类学中，仪式一直以来都被视为一个重要的考察点，对仪式的研究成果更是汗牛充栋。这给思想政治教育中的仪式研究提供了丰富的研究资料、理论养分。在交叉学科研究的碰撞下，势必会寻找到思想政治教育发展的新契机。

第二节　概念界定

一、仪式

（一）几个主要与仪式有关的词语表述

外文中概指仪式的词汇有如下几个：仪式（ritual），是仪式的总称。在以往的研究中，主要应用于与宗教相关的事情。《大不列颠百科全书》（*Encyclopaedia Britannica*）定为“一本秩序和方式的书，它是正在特定的教会、教区或相似地点举行的庆典和礼拜”。“仪典”（ceremony），与仪式（ritual）所表述的内容较为相近。它们都主要用于宗教或与宗教相关的方面；都可以用于社会大型事件。仪式（rite），相对于上述两个词汇的使用，它比较倾向通俗化、随意性的表达。阿萨德（Asad）认为：“仪式（rite）是指在各地乡下所举行的、有礼物的特定方式。”❶ 例如，范·根纳普（Van Gennep）的“通过仪式”，亦指“人生礼仪”（包括诸如出生、成年、结婚、丧葬等重要的仪式）即使用这个词。❷

---

❶ ASAD T. Genealogies of religion：discipline and reasons if power in christianity and islam ［M］. London：Johns Hopkins University Press，1993：56.

❷ GENNEP A V. The rites of passage（1908）［M］. London：Routledge & Kegan Paul，1965：54.

（二）一些仪式定义和基本主张

1. 仪式在西方的几种基本定义

仪式的概念被应用于仪式研究过程中，使得其定义的边界变得“模糊”，这种“模糊”的意象不仅在于延展的界定范围、精准的研究对象指代，并且经过交叉学科、多重视角的雕琢，截然不同、大相径庭的仪式定义与描述普为人见，但是，仪式定义的丰富并未成为学者们对其研究的困扰，相反，得益于研究仪式所展现出来的开放性，甚至作为一种“全新”的视角被带入一些研究领域中。任何的阐述都是为了方便人的理解和理解的准确性。

那么，如何去理解仪式？首先，将仪式理解为一种“社会行为”（social action）是一个基准的点——主要是因为在现实中，人的社会行为往往跟特指的仪式中的行为是重叠的。从日常的问候语到隆重的宗教仪式，无论是言语中的圣歌、祷词，还是使用的手势、器物，英国人类学家利奇认为它们都一样具有仪式的特质。换句话说，在笔者看来，凡具有社会意义的人类行为，都可以被视作理解意义上的仪式。理所当然地，在理解上，仪式的范围应当被精细处理。英国人类学家维克多·特纳认为，仪式专指那些特殊群体的，具有典礼形式的，有明显社会发展时空跨度印记的概述性行为。其次，仪式可以理解为基本社会的分类和结构要素。涂尔干认为“神圣和世俗”（the sacred and the profane）是区分、划分社会结构的标准之一。最后，若将仪式视为人的存在并凸显出来，则理解为范·根纳普提出的“通过仪式”，主要分为“分离、过度、组合”三个过程，这种对仪式的“分解”是根据人的年龄变化。在每个不同阶段，通过“阈限”（threshold）的特征、变换关系去整体的理解。除此以外，如果不讲时空，仪式无疑可以被理解为：标准的、重复的行为。在早期的戏剧学分析者中，使用仪式一词时，就只是纯粹表达这一仪式活动本身罢了。这一仪式活动的本意在于实现沟通和维护群体传统。而这种标准的、可重复的仪式，是最主要的途径和现实形式。总之，看似是诸多领域中的研究使得仪式的边界很难准确界定，但是更重要的一点，我们不仅可以感叹，仪式的研究适用性有多强，并且可以惊叹，从宏观的人类社会变迁到微观的社会生活实践，仪式之于人的意义有多大的重要性。

2. 中国历史典籍中的“礼仪”仪式

仪式在中国历史典籍中的含义，与西方的应用有明显的差异。在《说文解字》中，“‘仪’（儀），度也，从人，义声”，可以看出，《说文解字》强调的是规范、量度和法度。众所周知，“仪礼”自历史上中国政权之初，就并属于国家对于统治的立命根本之一。每当朝代、政权的变更后，人们不得不关注方方面面的“仪礼”的变化，抑或是“沿用上朝”。这表明仪式在一定程度上，对社会具有如同“法”的效力，这与现代法律、法规的相通之处在于，在社会内部都不容许抗衡，拥有极高的权威性。除此之外，它还是传续社会关系的重要方式，即是通过有板有眼的仪式活动去实现象征的、无形的价值、观念等。叶舒宪说过：“用现代人类学的眼光来看，所谓‘礼’乃是自史前社会的部落宗教仪式发展而来的礼仪一种象征性的符号行为；而所谓‘乐’，最初也不过是配合宗教仪式行为而进行的另一种象征性的符号行为。”[1]

正如异文化间存在差异，不同种类的仪式可能携带不同的象征符号，而相异的符号象征的差异可以是十分巨大的。所以，一方面，通过我国古时对仪式的认识，可以使得我们认识到仪式对于我们本文化内能够产生的作用、影响；另一方面，通过仪式的“叙事文本”属性，同时也传承了我们对本文化的认识与认同。

---

[1] 叶舒宪. 阉割与猖狂［M］. 上海：上海文艺出版社，1999：3.

二、仪式化

“仪式化”（ritualization）的概念是拉帕波尔（Rappaport）在20世纪中叶首先使用的，意在指“在仪式中个体化角色之于社会活动中的神圣关系和社会地位”[1]。之后“仪式化”基本上概指所有的仪式的社会化。社会的“仪式化”与仪式的“社会化”（socialization）之间的区别逐渐缩小、趋同。按照赫胥黎（Huxley）的观点：“‘仪式化’事实上是自然和社会压力下的有目的的选择，形成一种适应性的形式和情感动机行为化的疏通化网络。”[2]

在当今学术界，“仪式化”是一个常用的概念，但是在具体使用时，对它所指并不一致，主要有以下几种：第一，谢克纳倾向从生物行为的角度看到仪式在其进化过程中，在不同发展阶段所表现出的特征。他认为，“仪式化”并非人类社会独有属性，这意味其他物种也可能存在类人社会“仪式化”的活动。第二，赫胥黎则在研究中，专注于“仪式化”属人的方面。在他那里，仪式只作为人类的自然活动行为和社会生物的行动。第三，格鲁克曼对过去传统的仪式研究进行批判，这对仪式研究挣脱宗教的束缚有重要的影响。他将带有社会关系的“仪式化”与“仪式主义”（ritualism）进行对比，促使仪式研究的视野拓展到社会的各个方面。第四，把“仪式化”当作“传统的发明”[3]。霍布斯鲍姆以其同名著作为仪式研究开启新的历程，在他看来，仪式的技术化特性非常适合现代社会在发展过程中的再生产程序和模式。就此而言，“仪式化的确具备一种价值

---

[1] RAPPAPORT R. Ritual and religion in the making of humanity [M]. Cambridge: Cambridge University Press, 2000: 39.

[2] HUXLEY J. Introduction: a discussion on ritualization of behavior in animals and man [J]. Philosophical transactions of the royal society of London series b – biological sciences, 1966: 250.

[3] 霍布斯鲍姆. 传统的发明 [M]. 顾杭，等译. 南京：译林出版社，2004：36.

性关系，并具有正式的模式化特性，使之在维持某些社会价值和关系的合法化、国际化方面起到重要的作用”[1]。

总的来说，对于以往的仪式研究来说，它是一个从内涵到外延不断扩大的话语。从早期“神话—仪式”为代表的研究开始，到进一步宽泛至社会的各个方面，如果我们不加以限定，就无法明确我们所研究的仪式。本书所研究的现代思想政治教育仪式：是带有我国特色社会价值及象征符号的；可以展演的；我国社会关系中的组合、结构框架的组成部分等，同样亦是人类社会实践的经验和总结。进一步说，本书实则是研究我国思想政治教育与仪式之间的关系，以及所有具有思想政治教育功能的仪式的社会化问题；或者在某种程度上说，是研究我国现代思想政治教育中的仪式化问题。

三、思想政治教育仪式

（一）思想政治教育与仪式之间的厘辨

在众多领域中的研究，仪式常被作为研究对象，所以对于仪式的归纳、总结相当庞杂。也就是说，如果不加限定地直接对仪式和思想政治教育两个概念进行分析，则讨论是全然无意义的。如果我们对思想政治教育加以分析，就可以发现思想政治教育概念的演变过程是一种对自身的限定，同时必然也会对我们研究的仪式赋予框架，即将仪式明确为我们的研究对象。

在无产阶级意识觉醒的初期，马克思、恩格斯提出“宣传工作”的概念。之后，随着革命事业的发展，列宁又提出“政治工作”“政治教育工

---

[1] BELL C. Ritual theory，ritual practice［M］. New York：Oxford University Press，1992：89.

作”以应对当时的需要。苏联在斯大林领导时，提出“思想工作”“政治思想工作”。由此，在概念演变上越来越接近我们当前的思想政治教育。在我国革命时期、中华人民共和国成立初期及“以阶级斗争为纲”的阶段，还以“政治工作”“思想工作”“思想政治工作”“政治思想工作”等提法以冠之，直到1978年党的十一届三中全会以后，思想政治教育才最终被明确和标准化。思想政治教育概念，在不同时期，根据具体的需求，具有不同的重心与侧重，概念之间也存在差异。正因如此，这种差异性还框定与仪式应用之间契合的程度。

就“政治工作”和“思想工作”来说，我们并不可能说与理论上仪式无丝毫关系，事实上，仪式在两者中的客观存在是毫无争议的，但这并不能看出，对于在当时演变到现在的思想政治教育的指代，即“政治工作”“思想工作”，与仪式具有明显的更高的契合度，也就是说，实际中并非脱离仪式的“政治工作”和“思想工作”无法进行下去。我们无非旨在寻求某种更高的契合程度的状态——因仪式而能够更好地促进目的、效果的达成或者达成更加理想的目的与效果。所以说，我们只能看到“一般意义”上的联系，或者说，仪式对于“政治工作”和“思想工作”并没有显著的特殊意义。

就“思想政治工作”相对“思想工作”“政治工作”来说，明显具有精确性的限定意义。有意思的是，上述的“一般意义”在此阶段同时发生了变化。一般地说，仪式的边界很难确认，若“思想政治工作”所产生的限定或精准效果具有意义，则对我们的研究对象理应产生相同的作用，即一部分被规划在内，而另一部分则被区划出去。这种精确性的限定有利于我们更加明确地把握研究对象，简单地说，我们更加明确应该关注的是相关于思想政治教育的哪一些仪式和仪式的哪一些内涵。但问题也由此产生，就在于“被区划出去的那一部分”，即“既不把整治工作中的许多内容，如武装、保卫、纪检等工作归入思想政治工作领域，也不把非政治性思想工作归入思想政治工作领域。凡确属非政治性的具体思想，如纯属生产、技术领域内的具体见解及纯属个人生活、习惯、兴趣、爱好等方面的具体思想和行为，一般都不应列入思想政治工作领域，思想政治工作者不应当进行干预，应当由人们根据自己的工作和生活经验去判断、选择、解决。"[1] 在这里，矛盾产生了。

首先，在具体的实践中，我们可以对"思想政治工作"的内涵与外延加以规划，这既可以是从实践工作视角来说的，也同样可以从科学研究的视角。然而对于仪式，我们只能从科学研究的角度做相应的取舍，在现实层面是不可能做到的。原因很简单，因为我们没有办法将同质的事物，其中一部分叫作仪式，而另一部分就不叫作仪式。

其次，显而易见地，被"思想政治工作"精确化的那一部分内容，具有明显的可"仪式化"特性。例如，"整治工作"可以被清晰地标准化，并且是可复制的。"'仪式'，仪式礼之秩序形式等，礼节规范。"（《辞海》条目）"我将仪式视为基本的社会行为。"[2] "就最一般的和最基本的方面来说，仪式是按照计划进行的或即兴创造的一种表演，通过这种表演形成一种转换，即将日常生活转变到另一种关联中。在这种关联中，日常的东西就改变了。"[3] "仪式是一套条理清楚的象征行为，它们对个人或社会群体具有真实的转变作用。"[4] 诸如此类的表述也可佐证。总的来说，这种矛盾的产生直接导致的一种结果，就是在实践中，仪式在"思想政治工作"的缺位或者纯粹形式化，且这种"特殊意义"几乎都是负面的。

对于"思想政治工作"而言，思想政治教育是进一步的限定。一是体

---

[1] 陈万柏．关于思想政治教育学几个基本问题的研究［M］．理论月刊，2000（8）13－16.

[2] RAPPAPORT R. Ecology，meaning and religion［M］．California：North Atlantic Books，1979：174.

[3] ALEXANDER B C. Ritual and current studies of ritual：overview［M］．Westport：Greenwood Press，1997：139.

[4] LINCOLN B. Emerging from the chrysalis：rituals of women's initiation［M］．New York：Oxford University Press，1991：6.

现在思想政治教育侧重思想理论方面的政治教育；二是受众群主要与学校相关。具体而言，这种“限定”所带来的明确感，不仅可以指引其“仪式化”，而且还使仪式的特殊意义更加明显。例如，学校及相关部门为仪式提供明确的空间的场域；教育的政治理论不仅可以授予仪式“器物”“展演”的“神圣性”，而且对仪式本身的发明、进行也具指导作用。如果反过来理解，仪式的“特殊意义”则正是体现在“思想政治工作”与思想政治教育的细辨中。仪式古已有之，其在思想政治教育的形成、发展中，一直都客观存在。

应该注意到的是，仪式在思想政治教育中的应用，不仅是辅助于教育，同时仪式本身也具有教育的功能，如古时的“教化”概念。除此之外，仪式还具有超出“教育”之外的意义，即心灵上的满足。对于以往理解的思想政治教育来说，仪式反而更为突出地显示在身份、价值观认同、传统文化传承、信仰增益、社会稳定的维持等方面的意义。

（二）思想政治教育仪式的归纳定义

“一切知识都需要一个概念，哪怕这个概念是很不完备或者很不清楚的。但是这个概念，从形式上看，永远是个普通的、起规则作用的东西。”❶ 对于思想政治教育仪式概念的界定，首先应该从本源开始，即思想政治教育与仪式这两个概念。这是两个非常庞大的概念，简单地说：思想政治教育是“指社会或社会群体用一定的思想观念、政治观点、道德规范对其成员施加有目的、有计划、有组织的影响，使他们形成符合一定社会、一定阶级所需要的思想品德的社会实践活动”❷。从人类学视角而言，仪式是指“那些按既定程序进行的、约定俗成的并为人们所普遍接受的，

❶ 北京大学哲学系外国哲学史教研室．西方哲学原著选读：下卷［M］．北京：商务印书馆，1982：29.

❷ 陈万柏，张耀灿．思想政治教育学原理［M］．北京：高等教育出版社，2007：4.

表达共同价值、意义和信念的活动”❶。从文化的角度来看，特定仪式通过各种象征符号浓缩特定文化，仪式的展演过程是文化内涵的表达过程。社会学家马克斯·韦伯认为：“一个仪式就是一个充满意义的世界，一个用感性手段作为意义符号的象征体系。”❷《简明文化人类学词典》中把仪式定义为：“按一定的文化传统将一系列具有象征意义的行为集中起来的安排的程序。”需要指出的是，我们按照这些对仪式的概念界定，可以看出仪式既可以是宗教的，又可以不是。那么，从概念上讲，我们更倾向从社会的角度去理解，但并不代表会摒弃仪式中所有宗教的元素，这不应该被忽视，甚至无视，因为仪式概念本身是具有整体性的。具体来说，无论是从界定出来的“概念”本身出发，还是从概念演变的历史角度观察（上文中的阐述），都可以发现其内在的联系。而这种联系既包括近同的地方，也包括相异的地方。

思想政治教育与仪式都是人们的一种社会实践活动，具有实践性。从表述方式上讲，思想政治教育需要用“开展思想政治教育工作”来表述其实践层面的含义，相似地，仪式需要通过“仪式的展演”“通过仪式来……”“仪式化”等辅助来表达其实践层面。也就是说，仪式是拿来展演的，也只有“仪式的展演”才能够表现其社会实践活动的层面。

一般来说：思想政治教育与仪式都是某种程度上面向社会全体的，从个体人到群体到社会都涵盖其中。虽然从思想政治教育概念看来，目前只存在于中国社会当中，在现实中限定受众者为中国人民群众；并且仪式根据非同质文化等区别，也可将人群进行的划分并不与世界区域内所有的社会结构完全相符，但是两个概念的参与者同是社会中的“人”。

思想政治教育是根据一定的价值观进行规范化、有目的来影响的，而仪式是一种文化符号的象征体系。相比于思想政治教育中的“一定的价值

❶ 吴晓群．古代希腊仪式文化研究［M］．上海：上海社会科学出版社，2000：46．

❷ 薛艺兵．仪式音乐的符号特征［J］．中国音乐学（季刊），2003（2）：33．

观”来说，仪式既可以涵盖这种价值观，也可以是这种特定以外价值观，此外，还存在一些其他的、文化的东西（文化的传承是很重要的一方面）。

由此可见，相同的是，两者都是有一定的规范性，或者是有计划、有目的的；最终都是达到使受众者形成、符合一定的社会意识形态、社会需求的目的。但单从概念表述所指的过程来看，如果将思想政治教育比作“正向”运转，即根据一定的价值观去塑造所需要的人；那么也可以说，“仪式的展演”则相对更倾向“逆向”运转，即使人“自发”地形成特定的价值观。值得一提的是，从现实与历史的角度看，仪式一直都是一种行之有效的成功“方案”。这里所指的“正向”“逆向”旨在突出二者概念描述上的特征，而实际中我们知道，仪式突出的是将“隐形”、抽象、象征的方式、方法运用得淋漓尽致，而思想政治教育是一门不断创新、探索的科学，其中无任何排斥“隐形”方式，所以并不存在必然性思维逻辑上的“正向、逆向”的差别。

综上所述，思想政治教育仪式是一种社会实践活动，亦是将两者渐进结合的一个过程。

由此而言，本书对思想政治教育仪式定义的归纳有两个层面：

在实践的层面，由于仪式本身的包罗万象，所以须以思想政治教育对其边界加以框定，即是指所有用一定的思想观念、政治观点、道德规范对其成员施加有目的、有计划、有组织的影响，使他们形成符合一定社会、一定阶级所需要的思想品德的仪式活动的总称。思想政治教育既是一门科学，更是一门技术，所以同样要求思想政治教育仪式也具有可操作性和可复制性。

在理论的层面，思想政治教育仪式是在实践中，不断增强、完善思想政治教育与仪式的契合度，解决具有思想政治教育功能的仪式社会化中的问题的过程；或者从某种程度上讲，是指我国当代思想政治教育的仪式化。

第三节　研究综述

一、文献现状总述

从研究情况来看，对仪式在思想政治教育中的作用、功能、价值及相关讨论较多，对仪式在思想政治教育中的运行、建构、应用及相关讨论的较少。如果借用一组概念逻辑“可行性—有效性—实效性”来分析，当前研究状况多在“可行性”的层面，即最基础的构建相互关系的层面，而对于“有效性或功用的最优化”“实效性或目的的实现”层面的研究明显不足。

二、国内研究现状

（一）思想政治教育实效性研究

对于思想政治教育实效性的内涵界定，张耀灿等学者认为：“思想政治教育的实效性，主要指方法的可操作性，在实践中的可行性，产生良好结果的可靠性。”[1] 在此基础上，许多学者进一步研究，阐述了一些新的提法，但总体上，教育目标与教育结果的符合程度是众学者对思想政治教育实效性的普遍认识。在此基础上，众多学者对思想政治教育的实效不理想做出了很多研究。其中最为普遍的认知是：从行为主体上分析实效不理想的原因，主要有学生个体、学校教育、外部环境三个方面。“学生个体”

---

[1] 张耀灿，郑永廷，刘书林，等．现代思想政治教育学［M］．北京：人民出版社，2001：355.

涉及学生在受教育中的各个不同阶段，如幼儿教育、少儿教育、青年教育、成人教育等，基本涵盖我国受教育者的全体。“学校教育”指围绕教育主体所开展的教育实践活动所有的方面，包括一些学校的教育机制，甚至受教育者在学校内的生活。“外部环境”包含历史上传统的、全球性的文化、经济及科学技术上的影响。杨文革认为，“对外开放整体环境对思想文化形成的冲击、市场经济深入发展对思想观念产生的影响、陈旧不变教育模式对思想教育产生的障碍及信息技术高速发展对思想教育提出的挑战等四个方面，构成大学生思想政治教育实效性不强的原因”[1]。廖和平、周雄文、王卫方等学者从学校角度分析了影响思想政治教育实效性的原因：“学校对思想政治教育重视不够，部分思想政治教育者素质不高，大学生学习热情不足，思想政治教育内容时代性不佳，思想政治教育艺术性不强”[2]。也有学者从学生个体对思想政治教育实效性的影响的角度进行了分析，认为大学生缺乏德育实践，忽视价值观培养，心理素质欠佳等都对思想政治实效性产生了影响。也有学者认为，当前大学生思想政治教育实效性不高的根本原因在于知德分离[3]。还有学者认为影响大学生思想政治教育实效性的也有家庭环境的原因，“如果家庭成员自身思想素质低，不求上进，自私功利，甚至有违法行为等，会对孩子产生比较深的消极影响，甚至对孩子的成长起决定性作用，从而使高校思想政治教育工作事倍功半”[4]。

如何提高思想政治教育的实效性，学界考虑的对策不一。马菊霞认为：“必须坚持以人为本的教育理念，以人为本是增强思想政治教育实效性的法宝，要尊重学生的主体地位，树立以学生为本的教育思想，从学生

[1] 杨文革．加强高校思想政治教育实效性的动态分析［J］．黑龙江高教研究，2006（2）：81.

[2] 廖和平，周雄文，王卫方．制约高校思想政治教育实效性的原因分析［J］．思想教育究，2003（10）.

[3] 余翔．当代德育实效性不强的归因分析及对策研究［J］．南方冶金学院学报，2003（5）.

[4] 李海燕．对当前高校思想政治教育有效性的反思［J］．中国地质教育，2005（3）.

实际心理和思想状况出发，开展主动性、科学性和创新性相结合的思想政治教育。”[1] 胥宗勇在《略论新形势下高校思想政治教育的实效性》一文中提出，要重视思想政治教育过程四要素的研究，使这四个要素和谐发展，产生综合效应：提高教育主体自身素质，调动教育客体的主动性，改进教育途径和方法，优化教育环境。对上述研究成果进行整合后再分析，本书认为当前思想政治教育实效性不理想的症结及启示在以下两个方面：

第一，作为一种特殊社会现象的思想政治教育难以应对时代中的其他社会现象的特殊性。这实则是一个社会现象间关系的问题。有意思的是，作为自本学科出发的学者，往往会惯性思维地将“本学科”视为自身研究开展的中心，而这种“中心”定位恰恰是为了迎合其他，一定程度上应有平等关系之意的“旁骛”，表现出“中心—边缘化”的效应。这里的意思并不是在否定“联系”，而对本书更重要的启示是思维上的一种倾向和价值的形成，即破除本学科“中心”定位的思维惯性，（如借用系统论提法）期望系统中的各“元素”能够有序地、规范地被观察和研究的一种倾向；追求充分的利用思想政治教育资源推进本学科研究发展（而非迎合）的一种价值。

第二，思想政治教育中，主体间的“捆绑”关系。这里的意思并不是对思想政治教育中主客体关系的思考，而正是为了避免陷入此争论中，本书认为寻找一种能打开这把“枷锁”的钥匙才是关键。不可否认的是，传统思想政治教育中对教育者的要求是极高的，这种高要求不仅表现在要求的“水平”上，更表现在持续的问题上。然而，在实践操作中的教育者的境遇恰恰是不令人满意的。事实上，思想政治教育中的受教育者对思想政治教育的要求有逐步增高的趋势，而这与思想政治教育者的现实状况存在明显的差距，以致成为某种矛盾，并且这种矛盾有愈演愈烈的倾向。解决矛盾的办法并非只有“硬性”的或者是通过矛盾双方激烈的碰撞，实际上

---

[1] 马菊霞. 以人为本——增强高校思想政治教育实效性的法宝［J］. 中北大学学报（社会科学版），2005（5）.

往往是“新的”问题、矛盾代替了“旧的”问题、矛盾，从而可以被视为一种“解决”的方法。换句话说，解决问题的办法可以有很多种，其中一种，也可以是在一种新的模式下，使问题本身不再存在或者是一种规避。本书认为化解问题的办法应当是一定程度上的超越传统思想政治教育中人与人关系限定的方式，正是受此启发而看到思想政治教育仪式中的“国家在场”效应。

（二）人类学传统考察向度

仪式之于人类学的范畴一点都不陌生，在考察人的情感时，仪式成为重要“文本”材料。对于社会大型事件来说，仪式基本上是不可缺少的部分。所以当人类学家面向那些社会、种群的重要转变时，仪式理所当然的不得缺位。特别是我国对于少数民族的相关研究，仪式的解读成为文化间差异的共融性地带。

（三）仪式理论应用于对仪式相关社会活动考察向度

从一般意义上讲，本选题属于此类的研究向度，简单地说，是将仪式理论应用思想政治教育领域的考察。此类研究向度的成果间并不是想当然的那样联系紧密，这是由于应用仪式理论作用的“对象”的差异性、仪式与作用“对象”间的关系的差异性。这些差异性具体地表现在各自对仪式理论应用的问题上，即各自应用如何的仪式理论？各自怎样应用仪式理论？当然，共同的是，仪式理论在各种仪式相关社会活动中的应用及实现的“结果”，对于此类研究向度具有重要的积极意义。

主要的研究成果有，刘萍认为：“高校思想政治工作要充分发挥仪式活动的作用，并进而提出可资运用的仪式和教育途径。”[1] 王洁敏和尹茂盛

---

[1] 刘萍．论仪式在高校思想政治工作中的作用［J］．高等农业教育，1999（11）．

认为："仪式作为由文化传统所规定的一套行为方式，蕴含丰富的教育思想，并具有积极的教化功能。"❶ 胡宝国指出："由仪式所塑造或唤起的情感体验能够长期凝结在群体和个体的内心深处，既能让参加者反复回味和再体验，也能延续而作为一种源动力固定下来。通过仪式教育，能够让大学生在潜移默化中受到教育，强化自身的使命感。"❷ 杨未提出："仪式具有文化传承、践行与整合功能，在大学的思想政治教育工作中发挥着重要的作用。"❸ 李荣华、田晓伟指出："仪式具有思想政治教育的价值，它可以呈现思想政治教育内容，丰富思想政治教育的载体，并能提升思想政治教育效果。在分析影响仪式发挥思想政治教育价值的基础上，认为对仪式种类进行筛选整合并对仪式过程进行设计是比较合适的路径。"❹ 张齐学认为："仪式活动在现实生活中极大地影响着人们的思想观念和行为模式，是深化思想政治教育的有效形式和重要载体。"❺

（四）仪式自身理论研究向度

国内对仪式自身理论的研究借鉴了许多国外的研究成果。其中彭兆荣的著作《人类学仪式的理论与实践》，从人类学的角度对仪式研究做了理论分析，为本书研究思想政治教育仪式提供了可靠的学理依据。他对仪式研究成果的介绍比较系统全面，其《人类学仪式研究评述》总结了人类学仪式研究的演进方向，并且对重要的人类学仪式研究大师的学术观点进行了介绍。❻ 薛艺兵在《对仪式现象的人类学解释（上）》《对仪式现象的人

---

❶ 王洁敏，尹茂盛．试析仪式在高校思想政治教育中的作用［J］．思想教育研究，2008（6）．

❷ 胡宝国．仪式教育在高校思想政治教育中的运用［J］．思想理论教育，2009（9）．

❸ 杨未．论仪式的思想政治教育功能［J］．思想理论教育导刊，2010（10）．

❹ 李荣华，田晓伟．大学生思想政治教育中的仪式：价值与路径［J］．思想理论教育导刊，2011（2）．

❺ 张齐学．论仪式活动的思想政治教育功能［J］．沂州师范学院学报，2011（6）．

❻ 彭兆荣．人类学仪式研究评述［J］．民族研究，2002（2）．

类学解释（下）》文中，分别从“仪式的行为”“仪式的情境”“仪式的意义”“仪式的功能”四个方面对仪式现象进行理论上的阐释。[1] 罗惠翾在《从人类学视野看宗教仪式的社会功能》一文中，通过研究宗教仪式，对其进行人类学意义上的解读，总结了仪式的社会功能，认为仪式维护了社会的秩序。[2] 郭于华在《仪式与社会变迁》一书中，从仪式与象征方面探讨社会与文化变迁。李立在《仪式强化生活——嘉绒藏族村落宗教仪式考察》一文中，通过嘉绒藏族村落一年的宗教仪式的调查，分析了仪式与村民日常生活的关系。[3]

三、国外研究现状

国外没有思想政治教育这一提法，当然不会将思想政治教育作为主题来研究，但是在教育领域，已经有关于“政治教育”“公民教育”在德育、情感、宗教教育等类同于思想政治教育的实践活动。

国外关于仪式的研究成果可谓汗牛充栋。从历史的角度去看，国外在仪式研究中产生了众多学派，学派中的代表人物不乏研究多领域的专家。事实上，他们并没有直接研究类思想政治教育的实践活动，但是，在仪式研究的成果中却不乏与思想政治教育交叉的理论。这里需要强调的是，从古至今，其中的时间跨度相当之长，促使中、西方在文化和意识形态上产生巨大的差异，这在某种程度上决定了，国外的一些相关研究成果在我国的具体实践应用是极为有限的，特别是属于意识形态的部分，本书对思想

---

[1] 薛艺兵．对仪式现象的人类学解释：上［J］．广西民族研究，2003（2）；薛艺兵．对仪式现象的人类学解释：下［J］．广西民族研究，2003（3）．

[2] 罗惠翾．从人类学视野看宗教仪式的社会功能［J］．新疆师范大学学报（哲学社会科学版），2009（3）．

[3] 李立．仪式强化生活——嘉绒藏族村落宗教仪式考察［J］．西北民族大学学报（哲学社会科学版），2009（6）．

政治教育仪式的研究是致力于服务当今中国的社会主义建设事业的。也就是说，本书对于国外研究的参考范围，仅限在仪式研究的一些元问题思考上，才是较为得当之举。

第四节　研究思路与方法

一、研究思路

本选题围绕思想政治教育仪式为核心，沿着“理论前提—‘研究对象的确立—现实状况分析—理论探讨—应用分析—‘仪式’设计—结论”的线索进行设定基本框架。

第二章内容为思想政治教育与仪式的关联。之所以在人类学视域下进行仪式研究理论的探讨，是因为：一是该研究本就是起初人类学领域两大支柱之一，人类学家们热衷于将它作为一种思想和民族志范本的重要对象。在人类学领域，仪式研究的成果十分丰富，并且已有相当的研究成果被引介到社会学、文艺学、传播学等领域，提供了十分有价值的研究视角及理论基础，同样有利于本书的写作、研究。二是从人类学仪式研究史来看，对仪式的研究存在明显的发展轨迹，简单地说，就是把传统的仪式从宗教范畴解放出来，而拓展到社会的各个方面。特别是学界把“仪式化”当作“传统的发明”。这种观点在当代社会越来越成为一种代表性的研究方向，就此而言，“仪式化的确具备着一种价值性关系，并具有正式的模式化特征，使之在维持某些社会价值和关系的合法化、国家化方面起到重要的作用”[1]。这些为本书写作、研究提供了重要的思想启发与理论基础。

---

[1] BELL C. Ritual theory，ritual practice［M］. New York：Oxford University Press，1992：89.

第三章内容为思想政治教育仪式的理论与逻辑解析。该章是借助人类学仪式研究的中的一些概念，来分析思想政治教育仪式应该如何操演，从而使得思想政治教育仪式的理论具备了“模型”化的分析规则，为之后实践性的分析、研究提供理论基础以及可行性的支持。

第四章内容为社会视野下的思想政治教育仪式。该章是在前文对于“问题”综合审视的基础上，从大社会的视角，关注在思想政治教育仪式本身，即思想政治教育仪式的主要理论环节。旨在运用人类学、社会学、传播学等领域中仪式研究的成果，对思想政治教育仪式的理论及相关内容进行分析和探讨，这势必会带来一些启示、结论以及创新性的提法，揭示其理论的内在逻辑性。

第五章内容为当前思想政治教育仪式中的困境及反思。通过对当前思想政治教育仪式存在的问题及相关困境的分析，揭示思想政治教育仪式的理论与实践研究的必要性，同样，提供了一种关于思想政治教育仪式实效性思考的思路，即如何实现实践活动功用的最优化。值得注意的是，这种思路的导向更多的会倾向关注思想政治教育仪式本身，在此，“效果”的问题并不是那么重要。

第六章内容为现代思想政治教育仪式的设计与评价。该章具有明显的实践意味，也是思想政治教育仪式研究的落脚点。仪式被“发明”的提法，是思想政治教育仪式最强大的实践意义，由此，一系列相关问题也接踵而至。当然，如何去评价某种被设计出来的思想政治教育仪式的探讨是必不可少的，人类学家大卫·奈鲁斯（David Knottnerus）的结构仪式化理论给予了重要支持，是本书设定评价参数的理论基础，本书并对如何去应用它们做出分析。

二、研究方法

（一）文献研究法

通过对国内外相关文献资料的收集整理，从人类学、社会学、传播学等角度对选题中的关键要素进行梳理、整合，将其聚焦在思想政治教育仪式上来，并以其为切入点进行研究，此研究方法贯穿于本书始末。

（二）跨学科研究法

同一事物在不同学科中的研究发展并不是同步、一致的，促使不同学科间就同一事物、问题可以交叉研究。现代科学，从人文到自然科学，都是将研究内容和对象不断地细分化，但不可否认的是，科学研究统属于一个整体，在研究的方法和成果、结论的应用上有共通之处。显然，从学科的角度来看，仪式与思想政治教育都是十分庞大的“话语”，两学科间的“交叉”不是一味地主观驱使，而是客观的现实。

（三）描述性研究法

描述性研究方法是一种将理论的结构细致描述出来的方法。对于其中一些理论的论述属于其他研究者已有的论证，将其解释、叙述出来，在理论研究中是必不可少的工作。特别是对于本书中无法实际考察的案例，这些观点的论述可以更充分地解释理论本身。

（四）模拟法（模型方法）

模拟法是按照一定的设计原型，去设计一个类似的样例，通过样例的设计与原型间做对照，加以研究的方法。当前的思想政治教育仪式中，依据其特征、功能等属性判别，可设立多个思想政治教育仪式原型。与此对应的，一方面，拟定模型必然需要原型的支持；另一方面，拟定模型与原型是相互分析研究的“参照物”。此研究方法在思想政治教育仪式设计部分十分重要。

第二章 思想政治教育与仪式的关联

第一节 人类学下仪式研究的扩大化

仪式被认为是一个“巨大的话语”（large discourse）[1]，人类学家对它的概念尚未形成统一的界定，但是纵观学者们的研究及拓展，呈现一条清晰可见的变化轨迹：仪式研究随时间的推移，不断被扩大化。事实上，任何的划分都难以囊括仪式的范围与形式，正如福柯的所言之意：“不是我们在言说、在书写，而是话语、文本在说（写）我们。”[2] 人们把仪式或仪式把人们引进到历史文化、社会生活的各个方面，甚至人的一生都是在仪式中度过的。

这种仪式的扩大化势必会导致“对仪式进行全面的评述存在相当大的难度，其原因在于对仪式的‘中心和边界’的把握与确认上的困难”[3]。所以在这里，我们并不能排除将仪式研究拓展到思想政治教育领域中的可能性，而事实上，这样做是具有重要意义的。

---

[1] BELL C. Ritual theory，ritual practice［M］. New York：Oxford University Press，1992：34.

[2] 福柯. 知识考古学［M］. 谢强，马月，译. 北京：三联书店，1998：156.

[3] GRIMES L R. Research in ritual studies：a programmatic essay and bibliography，metuchen［M］Lanham：Scarecrow Press and The American Theological Library Association，1985：8.

众所周知，仪式是人类历史中现实存在的，跨越和连接“形而上”与“形而下”的重要“桥梁”。我们只需要简略地分析就可以认识到“桥梁”的重要性。因为从某种意义上讲，思想政治教育是使受教育者获得知识利于自身的全面发展，且与社会现实和发展相符；是既把握方向，又授予方法的；落脚点、关键点在于实践。而我们看到的窘境往往是：一些人没有找到在现实社会生存的方法，没学会如何为自身发展而服务。他们有正确的“方向”、现代教育的知识储备，但无法更好地运用于现实生活中，甚至发生了矛盾。或者说，他们还需要习得如何才能将这些充满“象征”的知识、价值与客观的、现实的实践活动应结在一起。这是自然存在于“理论”与“实践”间距离。“桥梁”的重要就在于缩小甚至消除这种“距离”，以直观的方式、方法来实现这种特殊目的。其实，自古中国人就很善于运用方法的奥妙。例如，世俗中会说，常人见到尼姑会倒霉，所以只要低头过，不要看，就能避免带来不好的运气；实则是，尼姑属于弱势群体，在社会道德、治安没有达到现代文明标准前，为了避免她们的利益遭受损害，从而采取的一种婉约的保护方法。由此可以看出，对于社会控制来讲，往往最具效益的方法，不是总是告诉为什么，而是直接告诉怎么去做。当然，在当今的社会下，任何封建的、迷信的成分应该被破除掉，但是绝不可否认这种典型充满仪式感的方式、方法的意义和价值。现实是，某种社会形态越是走向“秩序”，“仪式感”的体验则会越发的丰富，从而产生新的“迷信”。由此可见，这种“桥梁”运用的优势就在于，在保证国家意识形态教育的方向的同时，在实践中实现“理论联系实际”，从而加强政治信念，使得受教育者自发性地达成教育的目的。并且这是可复制的、可持续的、可操作的技术性活动。

对于仪式的研究，在人类学领域可谓汗牛充栋，成果既丰富，又具有明显的发展轨迹，十分具有参鉴意义。人类学本初产生于军事的目的，所以西方学者喜欢把目光放在所谓的“原始社会”（primitive society）和“异文化”（other cultures）上。这样的出发点也有它的益处，使其更加有力地为意识形态而服务。下面从三个维度对人类学仪式研究及其发展做一下梳理。

一、仪式研究：内容和含义

从内容和含义方面看，经历了众多代表学派的演绎，即“神话—仪式学派”“功能主义”“结构主义”“解释主义”，仪式研究的重点从“宗教”转移到“社会”。这种转变主要从以涂尔干为代表的一些研究者的著述中可以看到。不同于早期的人类学家、宗教学家、比较宗教学类的代表，诸如穆勒、泰勒、斯宾塞、弗雷泽、奥托等的经典宗教模式，在涂尔干、德古兰吉斯、史密斯等学者那里，仪式研究开始阔步到“世俗生活”，成为与“宗教生活”（“神圣”）的分界线。这一转变焕然革新仪式研究的方向，也改变了人们主观、先入为主的思维惯性，为之后步入“社会结构”奠定了基础。维克多·特纳、格尔兹、利奇、赛林斯、道格拉斯等认为，仪式已经涉及人类社会生活的方方面面，而“功能—结构”的研究方法也已成功地表现为一种“范式”。正如马尔库斯和费彻尔所说的那样，仪式的“公共属性”（public nature）使之具有“经验意义”和“文化生产文本”的同质性和共相性特征。[1]

如果进一步对仪式进行更为精细的研究，明显地，仪式以其独有的形式在现实生活中存在，而仪式的理论则属于另一种内容方式。简单来说，仪式可被视为具有实践和理论两个层面，这两个层面是相统一的。为了方便分类与整合，在研究时出现了区分，正如贝尔把她的研究著作定为《人

---

[1] MARCUS G E，FISHER M L. Anthropology as cultural critique［M］. Chicago：University of Chicago Press，1986：78－81.

类学仪式理论与实践》一样。[1]

二、仪式研究：形式和范围

一方面，从仪式的研究和范围方面看，呈现逐渐扩大、扩散的态势。一般来说，人类社会发展的脚步从未间断，伴随社会的变迁与更替，无数的新元素被创造、组合，促使人类活动无限丰富，仪式也成了“水涨船高”的标识，这是一种量上的“扩大”。另一方面，仪式的研究的形式和范围是根据如何判定仪式的形式和范围而变化，显然这种变化是不断地发散的。诸如宗教的、世俗的、世俗融于宗教的庆典、节日庆典、政治性的、个人的与集会的、体育运动的仪式活动，以及一些为了汇集而进行的表演活动等，是典型的仪式范畴，具有明显的仪式标识。如果只将其视为“形式上”的仪式，那么相对的，“概念上”的仪式则将仪式研究的形式和范围最大限度地放大，换句话说，凡是从实际中可以被概念上的仪式所解释的人类活动，都可以视为在仪式的形式和范畴内，这是理所当然的。也就是说，凡是既具有形式和结构上的完整，又具有象征意义的活动都应在其列，大到国际事务，小至个人，如一个人一生中的婚丧嫁娶都与之有涉。仪式研究已经被人们引到社会、历史、生活中的各个方面，甚至人的一生都是在仪式中度过的。特别是在近五十年来，仪式研究在广度和深度上都有极大的拓展，人类学的仪式显然出现了将其置于更广阔背景下进行重新解释的态势。

三、仪式研究：表述和意义

从表述和意义方面看，我们对仪式的认识，从以往的“宗教”、神秘

---

[1] BELL C. Ritual theory, ritual practice [M]. New York: Oxford University Press, 1992: 89.

主义等拓展到更为宽广的理解空间和解释空间。仪式的概念在膨胀的同时也带来相应的问题，如我们在对一种仪式进行研究的时候，往往作为观察者的角色，却与这种仪式存在“异文化”的差异，这就造成研究结果的诠释与这种仪式在原本民族内理解不同的状况。再如仪式中作为参与者、研究者等不同身份的存在与“主体、客体”之间的不同，最终会导致概念的分离，仪式这种概念被研究者叙述成另外的样子。又如，一种仪式是属于原民族在其文明历史长河中的产物，它很可能历经数个时代变迁，即使是本民族内也很难真正还原原貌。还有如每种仪式的存在，是社会各个方面的综合的产品，它可能是宗教的、农业的、政治的、艺术的，也可能是娱乐的、时节的等，如何去区分并没有标准、规范，再加上大部分研究者或大部分研究只能从某一或几个方面来开展，所以总的来说，对于仪式研究的发展程度受制人类社会科学与科学技术水平等发展状况，同时也意味着，有可能在新的领域、视角和探究手段下仪式所诠释的意义是完全不同的。

第二节　仪式的特点与功能

一、仪式的首要特质：实践性

实践是仪式最基本的特征。就像只有通过实践，仪式才能够被社会历史所记录下来那样，仪式所有其他方面的特征属性都必须建立在实践性这一前提之上。关于“实践”，布迪尔有这样的论述：“每一个人对世界都是一种实践知识（practice knowledge），并且都将它运用于他们的日常生活之中。”[1] 值得注意的是，仪式不仅是个体人的实践知识认知过程，同时也是

[1] 布迪尔，华康德．实践与反思——反思社会学导引［M］．李猛，等译．北京：中央编译出版社，1998：9.

社会价值的传承形式。这样的社会实践认知主要有以下四个方面：

第一，情境性实践。这种特点是强调大社会的语境。在大社会的语境中，人的一切实践活动是受其他环境因素制约的，反过来说，人的这些实践活动同时也在改造环境自身，这种影响是相互的。

第二，策略性实践。仪式这种社会活动在某种程度上讲，是具有策略性的。也就是说，人们总是在事先预设好目的才会进行某种特定的社会活动。这里的实践和策略，其实是互通的，归根结底，只有在因果效应的作用下，才能够通过主观目的性去解释我们的行为自身。戈夫曼就强调一种“互动的策略”（interaction strategies）或“策略性互动”（strategic interaction）[1]，旨在强调仪式的目的性。

第三，误识性实践。事实上，无论是有意为之，还是没有意识到，“误识”（misrecognition）是不可避免的。这并不意味“误识”带来的全是负面的东西，布迪尔对此认为：“社会行动者对那些施加在他们身上的暴力，恰恰并不领会那是一种暴力，反而认可了这种暴力，我将这种现象称为误识。”[2] 这说明，单纯地去理解“误识”就是一种对所属关系和关系因素的结果、手段之间不吻合的强调，反而更为准确，就如同将“错误”的判断和认识也变得有理化了。“误识”有可能是由于实践与理念之间产生的距离，也可能是由于某种策略性的应用，但归根结底是一种行为的原因与结果不相符的状况，而仪式则可能会通过不断地重复这种“误识”来达成目的效果。

第四，话语性实践，贝尔称为“偿还性强权”（redemptive hegemony）[3]。众所周知，在各种社会形态下，仪式对社会秩序的稳定和社会道德的塑造

---

[1] GOFFMAN E. Strategic interaction［M］. Philadelphia：University of Pennsylvania Press，1969：166.

[2] 布迪尔，华康德. 实践与反思——反思社会学导引［M］. 李猛，等译. 北京：中央编译出版社，1998：222.

[3] BELL C. Ritual theory，ritual practice［M］. New York：Oxford University Press，1992：81.

作用是决定性的，这意味人们必须遵从仪式中设定。就好比民间的祖辈过世，逝者的长子、长孙（或者下一任的家长者）必须到场祭奠哀悼、答谢亲友，如果缺席则无法进行一样，这种无条件必须遵守的“强权性”显现出实践活动中的“话语”含义。

二、仪式功能如何产生：三种指示

仪式的功能几乎包罗万象。这首先是与不同类别的仪式有关，如在“通过仪式”中，仪式的功能是刻录人随着自然年龄的增长而伴随的社会身份的转变。然而很容易发现，仪式的功能常常与“现场”所表现出来的状况不相符，大多是通过转述或典籍记载，在研究者是非属文化的情况下，仪式的功能则很可能受研究者的学术原则、观点等的影响。例如，在研究仪式时，弗洛伊德总是把禁忌、图腾与“性”联系在一起；马林诺夫斯基总是把人的“基本需求”（basic needs）作为基本指引。

总的来说，仪式的功能至少具有三种指示：一是仪式在现实中的实际功能，这里所指功能即使是现实中展现的，也并不代表具有一个“标准”，因为极有可能在社会历史变迁中，会发生弱化、消失抑或是增强、创新等现象。二是对仪式功能的解释，许多仪式与生俱来地被蒙上神秘主义的面纱，然而不管是咎由何种因素，在学者们不断的解释下，仪式可能会被归纳、解释出新的功能，如同对待“历史”一样，“真相”总是相对的，用既有的历史结论去探寻考古发现，往往被改写的是“历史”，仪式的功能在不同学者那里，也可能存在被刻意强调、轻视，或者绝对化等可能性。三是在仪式中承载象征意义的符号，具有“能指”和“所指”两个指示。符号的“能指”表示物质方面的，“所指”则是抽象概念的。在社会的需求趋势、科学技术的发展、人自身认知水平的提升下，“能指”与“所指”的变化并不一定是同步的，符号的功能性质的“所指”明显大大多于其

“能指”范畴。

三、“仪式的功能”与“功能的仪式”

“仪式的功能”与“功能的仪式”两个概念之间必然是存在差别的。毋庸置疑，在谈论仪式的时候，会自然而然地将仪式与其功能联系在一起，仪式是必然具有功能性的。但是，对于某种仪式的功能，具体而言，或多或少地会出现“偏差”，抑或者无法准确地描述、表达。在这种意义上，无论是在仪式自身的变迁过程中，还是在对仪式分析的时候，功能上所产生的变化说明，原本的功能主义未必完全适用于对仪式的解释、分析。总的来说，仪式是必然具有功能的，但是被标示出来的功能必须在具体的语境下才具有意义，因为随时间的推移，它有可能会被放大、创出新的功能，抑或是减小，甚至消失，所以，把仪式功能这种特性加以标识，称为“功能的仪式”。

涂尔干在对“原始人”的研究过程中发现，仪式具有某种“集体性收益”。在生产极度贫乏的状态下，“原始人”的生活很大程度上“受制于天”，甚至会影响到一个部群的存亡问题，所以在人类早期生活中，自然而然的需要与“天、神”通过某些仪式活动进行交流。涂尔干充分强调这种仪式的社会化结构功能，并连同对仪式的“神圣/世俗”分类法成为他对仪式研究最重要的两个观点。由此可见，仪式首先所具备的功能应该是稳定、维持社会秩序的功能。其实不仅是仪式，存在于社会结构中的各个组成部分原则上应该都具有此种功能，只是涂尔干特别将其突出了。顺便提一下，这种维护社会稳定的功能并不代表会忌讳社会暴力、反叛的一面。

四、仪式功能的具体表现及主要分类

在人类学研究仪式的范畴里，仪式主要具有惩戒、凝聚、欢娱、交通的功能。针对这些功能，自然从现实中我们能找到与之相对应的仪式的例子。例如，仪式的惩戒功能在苦行僧的修炼仪式中最为常见，惩戒成为他们自我修行的普通方式。仪式的惩戒也往往与“净化”相关联。再如，我国的国庆阅兵仪式，无论是在现场，还是通过现代传媒方式观阅，这种仪式的凝聚功能不仅体现在人数量上的聚集，也对国家、社会内部的凝聚产生作用。又如，基本上所有的节假日庆典上，都存在欢快娱乐的喻义，一方面，是各自为主题的庆祝、纪念方式；另一方面，欢娱成为人们社会生活的减压剂。仪式的交通功能主要体现在仪式中，通常会产生“神圣”间的交流，或者与自身的交流。这种仪式认为，某些与高于自身精神的“神”做交流，可以提升自己，抑或者某种合法性的象征。涂尔干认为：“在所有的宗教中，我们都会发现仪式效果独立于所有神圣力量之外。通过交感行为，仪式自身产生作用；仪式带来了这种现象：它几乎只想机械地进行生产。它既不是一种创新，也不是一种祷告，希望从某种存在的恩惠那里得到回报。这种结果是通过仪式活动的自动作用获得的。”[1]

如果上述是针对仪式本身而做的分析的话，那么将仪式置于社会系统中，则又显现出更多功能的喻义。例如，思想政治教育一同被置于其中，所以仪式所展现的功能与思想政治教育脱不开关联。

（一）仪式的文化传承功能

众所周知，人不可能长生不老，人类个体的自然死亡伴随人类自身的

---

[1] 涂尔干．乱伦禁忌及其起源［M］．汲喆，等译．上海：上海人民出版社，2003：98.

生产。但是，人类自身的生产并不意味人类社会所有的元素也需要同种方式的再生产，事实上，很大一部分是通过传承来完成的，特别是人类的一些抽象的、经验性的东西。显然，从古至今，仪式的这种传承功能在文化领域做出重要贡献，伴随众多象征符号，如图腾、信仰等产物，人类文明也由此产生。这也促使从某种意义上讲，仪式可以与一切人类精神活动产生关系，甚至对人的精神状况产生影响，所以仪式对于人的心理治疗上的功能是显而易见的。

（二）仪式的“话语权”宣示功能

理所当然地，仪式不仅只存在形式，还包含丰富的整体性内在功能。在社会生活中所有的大事件看来，仪式的存在是使其合法化的重要支撑点。例如，国家成立时的宣言仪式，我们抛开誓词的内容不说，还可以发现，其仪式本身就是合法化的象征，证明这个仪式被赋予了某种宣示的“话语”权利。于是“话语”的表述成为“仪式表述”（ritual words），最终成为权力与权威性的象征，从此一个国家集合体诞生了。仪式中的程序、重要的人物等元素组成仪式的外在形式，而仪式的“神圣”性则由内在宣示功能来完成。有的学者认为，仪式源于宗教、神话、传说，而事实却是相反的，仪式正是这些表述行动化的存在证明。我们这里说的“话语”不仅仅是说话那么简单，这种仪式性的表述与生俱来地带着权威性，也可以说，仪式的“话语”宣示功能是为了让仪式不容置疑、不可抗拒。

总之，仪式的功能很难通过简单的论述来道清说明。但有一点共同的功能特征是一定的，就是仪式的功能并非表象中看到的那样，除此之外，一定还存在更深层次的作用。这种作用可能是为了让仪式的“话语”超越话语，让“操演”超越表演，使仪式中的角色超越其自身等。

第三节　思想政治教育仪式与人的关系

概念总是抽象与具体的统一，正如思想政治教育仪式此类的概念，若不将其放在宏观的视角去看，则只能看到抽象，看不清具体的定位。诸如人、教育、文化等概念一样，一条关系链可被看作一张关系网，网络是相互关系的具体呈现，亦是逻辑上定位的坐标。在这里将几者放在一起，妄图明晰地讨论出它们之间的关系，实则是不可行的。因为这里指的概念都十分笼统，在普遍联系的基础上，关系必定十分复杂。所以本书在这里只能择取复杂关系中的一条线，将这几者串起来，使之能够自圆其说。

一、仪式：象征符号的集合体

在维克多·特纳那里，仪式是可以被“细化”的，是由最小单位组成的结构性整体。这些细化的单位就是符号。符号产生于人类社会，或者说，经过人类社会的加工，符号才具有象征的意义。例如，在图腾中的狼头图案。这种图案明显来自大自然中的生物形象，在人类社会的“加工”下，“狼头”代表的是一整只狼的结构，不仅如此，狼的图腾象征的是“精神”上的狼，即拥有生物狼所具有的群体行动能力及被拟人化的“意志”。这样看来，符号就好像是一种技术化的手段，并标明出来罢了。但是，更深层次的，符号体现的是社会中人与人之间的关系。我们的祖先也如同其他智慧生物一样，是从模仿、模拟开始的，在处理人与人、人与自然、人与自身的关系时，难免会走过一段神秘主义的过程。可以想象在当时的环境下，人的生存完全受制于自然力量的束缚，这种崇拜自然的喻义，自然成为当时决定一切的根本，而如何去处理这些关系，就在于象征着社会关系的符号。

符号从字面上分析，主要是体现“标记”的含义，历史上出现过的符号无从计数。古希腊的希波克拉底首次将病人的病症看作一种符号，为后世开创符号学的科学类别。从那时起，符号就具有一个特征，可以将不相关的事物联系在一起，即能指与所指的关系。我国古代对“符”的概念则与其有些许的差异。“符”带有“开端、预兆”的意思，或者说是某种不可见的事物刚刚显现时候的样子。

尽管对于符号的理解并不是统一的，但我们还是可以轻易地发现其共同的地方。其实道理很简单，作为仪式的最小组成单位，也应具有结构与意义上的特殊性，即形式（物质化的）与理念（精神上的）。在物质化方面，如同仪式一样，符号带有与生俱来的神秘感，而最吸引人的地方则是形式背后的象征意义。

那么，仪式怎样能被“细化”成诸多符号的？这就存在一个能够将涉及仪式所有的部分都视为符号的问题。显然，这是可以做到的，仪式中的时空、人物、器具、话语都可以被符号化，如“礼拜”仪式。仪式中的“葡萄酒”“面包”分别象征耶稣的“血”和“肉”，这种符号化的背后是耶稣为众生牺牲自我的理念。虽然仪式举行的地点、时间在世界各地是有所差异的，不过都是有明确规定的，祷词中的“圣父、圣子”也是符号化的象征。同时也说明，正是符号的组成及其意义，才使得仪式具有象征的能力。

二、人：符号的动物

卡尔西提出：人是符号的动物。从人的起源来看，更容易理解一些。从生物的角度看，人之所以区别于动物，是需要根据的。这个根据可以是火的使用，可以是语言、文字的产生，还可以是人类脑部的进化。用马克思主义的观点就是人开始改造原有的世界。从某种角度，历史上也确实存在，我们认为人类成了世界的主宰。从另一种角度看，这个被人类改造的世界可以被解释为被赋予意义的世界，一个充满符号的世界。

从人之所以区别于动物来看，还可以这样解释，无论是因为会使用火，还是拥有语言、文字，总之是我们使用了“符号”。从这种意义上讲，整个人类世界都可以被细化为无数的符号，是人类认识、改造世界的过程，是人类的意识将事物与事物区分开来，或者说将事物从主观中分离出来。

由此可以说，“人”是被创造出来的，人类的历史已经赋予自然的世界以充足的文化，有怎样的人性，就有怎么样的符号，人类改造世界的过程也是创造符号的过程。

三、教育：一种文化过程

我们发现，无法静止地找到某种事物去描述，仅仅只能作为过程的痕迹罢了。这说明过程不是静止不动的，是动态的。而过程的痕迹，则证明过程是客观实在的。过程的解释能力极强，可以说明人类社会的运行，甚至可以解释数学，当然教育也不例外。

众所周知，文化对于人类社会具有极强的解释力。在上面的论述中，我们又将人类文化与符号联系在一起。这里我们说的教育，则更像动态地看待这些。文化的含义十分的宽泛，在广义层面，包含人类社会创造一切物质的、精神的、制度性的；狭义的文化则专指人类精神层面的世界。有怎样的文化，就有怎样的“过程”；有怎样的“过程”，就有怎样的教育。通过教育去看文化，文化则成了教育的表现形式；通过文化看教育，教育则成了文化的具体实践。准确地说，教育的内容应该属于文化的组成部分。

教育包含的形式是十分多样、多变的。进入现代社会，学校教育成为一种最为常规、常见的教育形式。学校的教育对象有最明确的年龄和受教育程度的划分，是一种制度性教育。其实，其他形式的非规范的教育也是具有制度性的，或者至少是有计划的，这与教育本身是有关的。因为，教育的目的性脱离不了某种规范性的要求，如学习如何游泳，规范的姿势是在人类实践经验总结下得出的，只有规范性的姿势才是学会游泳的保证，同样，习得技能也需要一个过程，并不是一蹴而就的。所以，思想政治教育也是一样，规范性、制度性的含义是思想政治教育能否实现的重要保证。

四、思想政治教育：一种意识形态的传播与继承

任何一个利益集团、势力，在取得政权后，都会给所有事物烙上自身利益的意识形态印记。这样做的出发点并没有任何的歹意，而是为了社会的稳定发展。意识形态并非独立存在的维护社会安全稳定的机制，主流社会观念的形成、传播、维持还需要文化中更多的要素。或者说，意识形态本身是文化中的一部分，即本来属于文化中的一部分被规定成社会的主流而强调出来。

在当今我国社会中，针对意识形态的实践活动被列入思想政治教育的范畴。也可以说，思想政治教育是为主流意识形态服务的。从历史的角度看，思想政治教育确实是与意识形态共生共演的。我们这里指的思想政治教育是泛指包括我国的思想政治教育及一切类同于思想政治教育的社会实践活动。无产阶级被从社会中分化出来，来源于资本主义社会的性质。资本的运行成为一切价值的标准，使得穷人更穷、富人更富。当人们已经不占有任何社会资源时，只有选择出卖劳动力维持生计，这时无产阶级也就形成了。他们是社会财富的创造者，而不享有社会财富的占有、使用的权

利，由此可见，这样的社会形态是剥削性质的。然而明显地，无产阶级形成以后也并没有立即出现指引人们革命的理论，而是社会历史发展到一定阶段才出现，所以说具有能够指引无产阶级革命的纲领虽然源于无产阶级的客观存在，但并非无源之水。在初期，无产阶级的觉悟也并不是一蹴而就地接受这种意识形态的转变。所以，意识形态需要传播、维持，用以在思想上、精神上武装无产阶级，是无产阶级革命的必需储备。在战争时期，意识形态也需要一定的承载形式，故以，思想政治教育应运而生。从某种角度上说，思想政治教育是与意识形态应运而生的。那么，在革命果实需要保护、确立的时候，意识形态工作更成了重中之重。因为过去的中国是一个落后、守旧的农业型社会，接受意识形态的转变也就等于将社会中的人、人性进行重新塑造。这对思想政治教育工作是极高的要求。当今思想政治教育都在为此目标而不断革新、发展。由此可见，思想政治教育与意识形态有天然的联系。虽说思想政治教育是时代和社会的产物，可说到底，只要存在意识形态，那么思想政治教育就不会有终结，直到人类实践出其他的某种、某些方式取而代之。

总的来说，上述中的人、符号、仪式、文化与教育、意识形态、思想政治教育的连递如同一环扣一环，但这种讨论都放在一个前提下，那就是社会是整体的。只有将它们统统放在大社会的视野中，才能展现其内在的联系性。如果串起来说：人是符号的，符号是仪式的最小构成单位，仪式是文化的产物并记录文化生产，教育是一种文化的动态过程，思想政治教育则是保证某种意识形态在社会中占主导地位的动态过程。那么这样说，仪式与思想政治教育是如何的呢？一方面，意识形态属于文化产物，人类社会的精神归属，而这种精神归属可以由无数的符号组成，再将某个或某些符号组合在一起，就能“制造”出属于思想政治教育的仪式活动；另一方面，思想政治教育脱离不了意识形态而存在，特定的意识形态是思想政治教育的根据，使之成为社会主流则是思想政治教育的目的。意识形态是文化的产物，需要由社会中的文化生产与再生产来保证，而符号既是文化的载体，又可以解释文化，仪式则成了这些符号的集合，也就是说，存在某种或某些仪式可以表达思想政治教育。

仪式在思想政治教育中的应用，并非只存在人与人的交流，国家对于主流意识形态的“话语权”，理论上存在绝对的权威性，其“神圣性”是不容置疑的。对于仪式在思想政治教育中的这两种交流方式，是同一的且同质的，亦是仪式在思想政治教育的存在方式。

仪式在思想政治教育中应用的问题，如同于仪式对于一种意识形态的作用一样。从社会的整体性角度出发，人、符号、仪式等原本都是不可或缺的，然而不同社会的价值体系不一致，对仪式的方式和行为的认知与定义也完全不一样。所以在某种意义上讲，意识形态的掌控力，特别是主流意识形态，对仪式存在相对的决定性。

第四节　思想政治教育中仪式意义的两极性

仪式的意义指代是相当厚重的，这由于仪式的研究是从宗教中走出来的。然而这并不是说宗教仪式意义的研究就毫无价值，而是对于仪式意义的探讨，在宗教那里，一直处于混沌状态。仪式意义是在仪式研究脱离宗教才开始清晰的。所以，作为将仪式研究从宗教中解脱出来的先锋学者，涂尔干通过他对“神圣/世俗”的设构，将仪式的意义设列进真正意义上的研究范畴。虽然，仪式与信仰永远是解不开关系的结，但是从某种意义上讲，涂尔干的分析、建构将两者一同带离了宗教的束缚。在此基础上，米歇尔斯（Michaels）等指出仪式的四种意义，分别为功能意义、参考意义、目的意义和无意义的意义。功能意义主要侧重社会层面的仪式上的调度；目的意义是倾向仪式制定目的而言的；参考意义是出于对物种进化的考量；无意义的意义，则是指仪式意义的丧失，而成为意义的一个类别[1]。显而易见，这种仪式意义的分类貌似只是为了分类而分类，而对于仪式意义的深层次挖掘实为不足，这必将导致仪式意义与功能上的分离。

特纳对于仪式的研究有自身的独特性，基于符号的考量，仪式的意义也逐渐展现这样几个特质：意义的浓缩性、两极性和多义性。特纳关于仪式意义特征的探讨，则给出进一步探讨意义基本方向和分析路径。特纳从仪式的最小单元——符号入手，阐释意义的三个典型特征，即意义的浓缩性、两极性和多义性[2]。分别表示的是：仪式的意义是可以被认知的；仪式的意义在于感情性与理念性两极间的度衡；仪式的意义均可统一在仪式当中。特纳对仪式意义的讨论极具贡献，在于对于两极性理论的提出。客观地看，基于符号与符号的象征，才使得仪式的意义显现在人的认知方面的过渡，这种过渡表现为两个极端点的转化，并分别在不同极端点上表现出不同的意义。

一、仪式认知：从感情极到理性极

仪式显然是两种性质的集合体，即价值性与工具性。所有对于仪式的设想，都源于对其价值性与工具性的考量。在仪式中，价值性与工具性的追求只会愈演愈烈。就好比人的所有社会性行为都是带有主观目的性的存在一样，仪式这种社会实践活动中的意义，就是通过价值性与工具性来证实的。基于这样的认识，我们自然地就会发现，仪式的意义就此而产生

---

[1] 米歇尔斯，阿曼古丽．仪式的无意义性及其意义［M］//王霄冰．仪式与信仰——当代文化人类学新视野．陈荣，译．北京：民族出版社，2008：35－46.

[2] 特纳．象征之林——恩登布人仪式散论［M］．赵玉燕，欧阳敏，徐洪峰，译．上海：商务印书馆，2006：29－30.

了。而产生的过程，需要两个标记点之间的互动，确切地说，应该是从一点到另一点。仪式是具有形式的抽象象征，这也就规定了，仪式的社会活动在讨论时，只专属于人类社会。人类社会的一切社会性实践活动，脱离不了人为之，人主观的作用。

个人与群体是不同的，个人与群体的意识是不同的，个人与群体的情感也是不同的，所以仪式的群体性活动，会生成异于个人的情感而存在。其实，无论是从群体情感上的相互作用，还是通过生物学的角度去解释，群体中的情感是特殊的。这种特殊性绝大多数表现为一种无意识情感、行为。举个例子，就好像一个人因为疲惫，从生理上会出现打瞌睡的反应，而这种身体感受是可以“传染”的。也就是说，在同一群体内，可能是在很小的空间限定内，这种身体感受是可以相互传播的，而并没有身体困乏的人在无意识的条件下，同样会产生生理上打瞌睡的行为冲动，即使这种行为冲动是短暂的，可同样是强烈的。或者说物理上的摆的等时性原理，两个不同频率摆动的指针，在靠近到一定小的距离内，或者放在同一桌面空间加以限制，会趋向于同一摆动频率，这与不同频率的摆动形成反差，就类似在群体中情感上的相互交感。有的学者认为，这种群体情感上的不稳定表现，是来自群体的无组织化，或者是结构上的随意性。仪式则明显与之不同，因为仪式都是预先设定好的、有组织的、有计划的、有目的的理性活动。这也就是说，建构一种可能性，在仪式这种特殊的方式下，群体的无意识情感表现会上升为符合仪式所设定的理性上去。仪式对此种群体情感具有一定的掌控能力。仪式一经设定，就将与之俱来的价值的、工具的色彩介入到仪式参与的群体当中。

所以说，在思想政治教育的仪式中，仪式应带有明确的规定性、强制的意味，促使这种仪式自身意义的实现。思想政治教育仪式的意义在于仪式的自身中，或者说是过程中。

二、理念极中的价值与工具

我们在细究涂尔干与特纳的研究时会发现，他们各自从自身理论的优势点出发，突出强调了仪式意义中自认为重要的部分，但是两人的理论从未否定对方，恰恰相反，正是两人对于仪式意义分析的互动，才使得仪式意义的“真相”浮出水面。

从涂尔干那里，仪式似乎一开始带有“神圣”的光环。在他的主观推断里，仪式本身就到了最高精神的一端去了，却忽略在实际中，客观存在的仪式参与者的认知能力。虽然涂尔干特别重视群体情感，但在分析的基础上将其轻视，就好像他的关注点只在于群体情感本身。涂尔干对于非理性的理解是深刻的，并将其置于群体、社会的角度来观察。他认为，正是群体的情感与认知，才将仪式中的“能指”转化为“所指”。反过来，也将群体中的非理性来理性地理解，认为个体与群体非理性的行为正是对于抽象、象征符号的理解所导致的。

特纳则截然相反，在他这里，仪式被细化成无数的符号。也就是说，将仪式符号化之后，仪式本应当空无一物了，这就说明仪式的意义在于携带这些符号的工具性上。主观地说，笔者可以感受得到，涂尔干与特纳对于仪式的情感是不同的，表现在不同认知的表达上，显然，涂尔干的与仪式的情感认知要崇敬得多。在特纳的分析中，将社会系统的解构展现出来，对于权力与人的利益的讨论成为理论的支撑点。这貌似更适合思想政治教育仪式，因为在控制主流意识形态的前提下，控制力实则是权力的展现。在群体、社会中，权力一直并不是“公平”的标杆，虽然所有的社会形态都会标榜自身在权力上的公平，但是显而易见，这是无法做到的，至少在当前所有的社会形态下。那么，权力在社会中是如何“流动”的？首先，权力是可以转移的，至少是可以被赋予的；其次，权力在社会内部一直是出于动态变化的过程中。如果将人性介入讨论，则对此理解容易得多。人是趋向利益的，在某种程度上说，越大的权力会带来更多的利益，同时权力是利益的一部分。

总之，仪式意义的讨论应被视为一个观察仪式动态的过程，简单地说，是从情感极到达理性极过程，在理性那里，仪式永远都带有价值性与工具性的特征。置于思想政治教育仪式中则更为清晰，因为思想政治教育仪式与生俱来带有明确的目的性、组织性、计划性。其所面对的主流意识形态，更确切地说应该是社会、群体所具有“情感认知”，思想政治教育仪式的意义体现在将其过渡到“理性认识”之上，这是一个社会、群体认知的过程。

第三章 思想政治教育仪式的理论与逻辑解析

第一节 思想政治教育仪式的进程：阈限与通过

思想政治教育仪式的提出，开辟了思想政治教育研究的一条新路径，拓展了思想政治教育学研究的视野，丰富了思想政治教育学研究的内容，成为新时期思想政治教育学研究中具有创新意义的理论视野。本章将从进程、功能、结构等探寻思想政治教育仪式的理论与逻辑。

一、人类学视角下仪式分类与阈限的科学界定

仪式之所以重要，是因为仪式活动在现实生活中极大地影响人们的思想观念和行为模式，是深化思想政治教育的有效形式和重要载体。仪式活动通过仪式场景能够构建有效的思想政治教育情景，仪式活动本身也蕴含丰富的思想政治教育内容，能有效地整合各种思想政治教育资源。思想政治教育仪式的进程会有阈限。

(一) 仪式分类的科学分析

人类学涉猎仪式的研究已有相当丰厚的成果，但纵观之前的仪式分类，并未突出其社会性的特质。按照马克思主义理论的要义应当是，最终必须从仪式的本质属性上进行分类。众所周知，马克思主义理论有一套完整体系的认识、解释和改造世界的方法。就马克思主义理论的产生过程来看，早早就将神秘主义、神定论等定为无稽之谈。在人类学仪式研究的成果中，也不乏许多带有主观臆断色彩的诟病。所以，对仪式分类的科学分析，应建立在马克思主义理论指导的基础上。马克思说："不是人们的意识决定人们的存在，相反是人们的社会存在决定人们的意识。"[1] 恩格斯指出："人们的意识取决于人们的存在而不是相反，这个原理看来很简单，但是仔细考察一下也会立即发现，这个原理的最初结论给一切唯心主义，甚至给最隐蔽的唯心主义当头一棒。关于一切历史的东西的全部传统的和习惯的观点都被这个原理否定了。政治论证的全部传统方式崩溃了。"[2] 确立了这一基本原理，历史才被还原其本来面目。对于社会、历史的发展，马克思主义坚持以社会劳动为立足点，以社会基本矛盾运动为社会发展的动力，实现个人全面、自由的发展和解放。根据马克思主义唯物主义社会历史观原理的要求，从仪式最终体现社会存在，是社会存在与社会意识有机结合的、具有某种意义的社会互动形式来看，仪式应当分为信仰的集中体现、建立契约关系、心理安慰（抚慰）等。

1. 信仰仪式

仪式从来就如影相随，没有离开过我们的生活。仪式属于信仰的物质

---

[1] 中共中央马克思恩格斯列宁斯大林著作编译局. 马克思恩格斯文集：二卷［M］. 北京：人民出版社，2009：597.

[2] 中共中央马克思恩格斯列宁斯大林著作编译局. 马克思恩格斯文集：二卷［M］. 北京：人民出版社，2009：598.

形式和行为模式，信仰则属于主张和见解。“信仰是对自然、社会与个体存在的信念假设，仪式则是表达并实践这些信念的行动。”❶ 人类学是一门以实践为主的社会科学，其研究的进展和理论的进步都依赖于实践；马克思主义在社会科学领域，同样追求以实践为核心的研究方法、研究理论及用实践来检验真理的唯一标准。人类学和所有的社会科学一样，其研究都是从人类自身开始，经过实践又回归到人类自身的过程。而这个过程，最重要的莫过于有实践为指导的思想和研究。人类的认识能力是无限的，世界上只有尚未认识的事物，没有不可认识的事物；认为物质世界是不以人的主观意志而独立存在的，人的意识是物质长期发展的产物，是人脑的机能，是对物质世界的反映；人的实践活动是一切人类社会的来源、基础、发展动力和目的，是理论的试金石。辩证法应用于认识论，强调人的认识是一个不断深化的能动的辩证发展过程。认识的辩证法，表现在认识和实践的关系上，认识来自实践，又转过来指导实践，为实践服务；表现在认识过程中，人不断地进行探索、认知、再探索、再认知的过程。马克思主义认识论是在实践基础上主体对客体能动的革命的反映论。建立在马克思主义认识论基础上的对客观世界的正确反映，构成我们的理想、信念等马克思主义信仰；建立在唯心主义认识论基础上的虚构意念，构成宗教、巫术等信仰。恩格斯这样评价宗教：“一切宗教都不过是支配人们日常生活的外部力量在人们头脑中的幻想的反映，在这种反映中，人间的力量采取了超人间的力量的形式。”❷ 这是说，宗教只是一种幻想，还是一种梦想自身与神灵一般的存在。

群体仪式，如祭奠活动，庆祝活动，会议等，在这样的仪式执行过程

❶ 张泽洪．文化传播与仪式象征——中国西南少数民族宗教与道教祭祀仪式比较研究［M］．成都：巴蜀书社，2007：1．

❷ 中共中央马克思恩格斯列宁斯大林著作编译局．马克思恩格斯文集：九卷［M］．北京：人民出版社，2009：333．

中，在参与者的心中会形成一种“群体认同感”，而这种认同感是“群体”形成的重要基础。通过共有的仪式，宣传共有的思想，统一共有的目标，使群体中的个人在内心形成一种意识。在这种意识中，“参与仪式”就形成了一种身份划分的标志，形成了区分人类群体的标志。“身份区分”后，一个“群体”的观念便得以“实体化”，“群体认同感”得以建立。

2. 契约仪式

许多祭祀、习俗、节庆仪式等归属于这一类。生日标志着一个个体生命的开始，因此被赋予高度仪式化的含义。死亡是一个个体生命的终结，也被赋予高度仪式化的含义，告别仪式的普遍存在也能证明这一点。马克思说：“人们在自己生活的社会生产中发生一定的、必然的、不以他们的意志为转移的关系，即同他们的物质生产力的一定发展阶段相适合的生产关系。这些生产关系的总和构成社会的经济结构，即有法律的和政治的上层建筑竖立其上，并有一定的社会意识形态与之相适应的现实基础。”[1] 作为有机统一体的人类社会的基本结构是怎样的呢？生产力与生产关系、经济基础与上层建筑这两对关联概念之间的关系，同时勾画出人类社会的基本结构。怎样的生产力决定怎样的生产关系；生产关系在一定程度上决定经济基础，经济基础之上的上层建筑是与之相配套的政治、法律、意识形态等。也只有这样才能够在科学地把握人类社会整体的基础上，揭示社会发展的客观规律。

仪式具有“神圣性”。公认的仪式研究大师特纳认为仪式是一种通过表演形式进行人际交流和文化变迁的“社会戏剧”。人类各种仪式的来源，最早应该是远古时期神灵和祖先崇拜中的祭祀仪式，这样的仪式包含某种“神圣性”，其实质是一种“交换”或者“契约”。也就是说，通过祭祀仪式，把“代价”即各种祭品，和“承诺”即对祖先/神灵忠诚的承诺，来

---

[1] 黄鳃森. 马克思主义哲学体系的当代构建：上册［M］. 北京：人民出版社，2011：492.

与神灵/祖先换取庇佑，或者“签订”庇佑的契约，而其中，仪式的作用就如同现在在各种文书上的“签字”一般，以一种形式，来把这种“契约”神圣化。所以仪式的神圣化，不仅是心理暗示，更是一种与神灵/祖先/上帝的交易，是“神圣”。这种观念在现在的诸多仪式中仍然保留着，甚至于交易的对象已经不是神灵/祖先，而仪式依然带有其“神圣性”，特别是在使个人的观念与某种已经被“神圣化”的观念的同一上，如法庭上的仪式。其实，“神圣”是一种社会认同，是一种人们在意识中对传统或者共有意识的一种趋从，所以社会发展到现在，很多概念都已经“神圣化”了，最为重要的例子是法律，这也是现在社会中“仪式感”最强的领域，条文的措辞、法庭的程序、契约的签订和法律认可等。人们对社会的理解，是由各种观念构建成的，其中，这些“神圣化”的概念是其核心，也是人理解、参与社会的途径，而这样的概念是通过仪式来表达的，仪式让人“参与”到这些观念的表达之中，也就让人参与到社会之中。人一生的生活几乎是由仪式安排的，开始、欢迎、毕业、晋级、开除、辞职、解雇和退休，聚餐、聚会和团圆等仪式贯穿一生。一周的工作也是如此，是由开始、中间和结束，庆祝和休息构成的，然后周而复始。一年以新年纪念、春节、清明节和国庆节等的庆典为特点。宗教节日更是遍布其成员的日历上，各式各样小型的节日几乎每个月都有。朋友和家人的生日是个人的节日，一个假期、一个集会或家庭或两个人的团聚、体育赛季的开始和结束，都是仪式的标志。在特定年份，也有奥运会、国家选举或其他政治庆典等大型仪式活动安排。

3. *心理安慰仪式*

随着实践的推移、社会的发展，人类生活的世俗化的加快，仪式的范围也越来越大，对仪式的解释也越来越多。在当代，规律且重复、带有象征意义的社会活动都是仪式。不管是叫“庆典”还是“风俗”。特纳说：“仪式能够在最深层次揭示价值之所在……人们在仪式中所表达出来的，是他们最为之感动的东西，而正因为表达是囿于传统与形式的，所以仪式所揭示的实际上是一个群体的价值。”❶ 人的潜在意识一般有三种基本心理需求——归因、暗示和安慰。如何认识世界，这是古老而富有挑战性的科学问题。认知是一个过程化实践，在不同的阶段，通过不同的方式来进行。由于我们人类自身的条件限制，总是由感觉开始我们的认知之旅。通过人脑对所得信息的不断加工，概念就形成了。人在认识事物时会提炼出这些事物的本质和规律。这一认识过程要靠思维，这也是人比普通动物高级的地方。每个人都在不断进行由感知到判断的过程，即通过感知事物形成并做出对事物的判断。人们感知到客观事物时，会在自我意识中对其做出判断。并不是所有的判断都是正确的，感知和判断之间存在距离。马克思主义认识观认为：人的认识活动是在主客体相互联系、相互作用的过程中发生和发展。不管是正确的思想还是错误的思想其内容都来源于客观事物，都有其客观基础，只不过错误的思想是对客观事物的颠倒歪曲的反映。马克思将物质上升为宇宙、世界的第一性。马克思主义的物质不仅包括自然物质，也包括人类社会，它实现了自然观与历史观的统一。

在知觉的过程中，人所获得经验的信息其实是主观的，并且进行主观认识的加工，最终得出的是主观上的概念。很多人都想获得心灵的安宁，智者可以通过提升思想的境界来获得，而常人则难以理解深刻的哲理，不过对于常人，用仪式来提升思想的境界是个简单且高效的途径。由于仪式是人类活动的基本方式，所以在形形色色的形式中都能见其踪影。“人们把仪式或仪式把人们引进到历史文化、社会生活的各个方面，甚至人的一生都是在仪式中度过的。”❷

---

❶ 特纳. 象征之林——恩等布人仪式散论［M］. 赵玉燕，等译. 北京：商务印书馆，2006：6.

❷ 彭兆荣. 人类学仪式的理论与实践［M］. 北京：民族出版社，2007：3－4.

（二）仪式阈限的基本内涵

仪式五花八门，有些仪式拥有惊人的元素，拥有大量的参与者，如奥运会；而有些则规模小、属于个人行为、除了参与者外没有观众，如家庭聚会。有些仪式带有一定的强制性，如宣誓仪式；而大多数仪式是自愿参加的，如观看足球联赛或演出。有些仪式非常正规，像总统就职演说；有些则比较随意，如在歌厅的朋友聚会。这些都是仪式：在所有已知的社会里，仪式是社会生活的主要特征。思想政治教育仪式必然具有其规定性的方面，这种既定的方式，使仪式的意义得以显示出来。罗杰斯的人本主义疗法中，很重要的一点是依靠自我意识。这与仪式中的阈限期极为相似。人自身是有自我修正、改变的能力。只要在一定的条件下，这种能力就会被激发出来。仪式的阈限期可以使仪式参与者抒发感情上的冲动，当低迷的情绪消失、耗尽，积极的一面自然就被展现出来。仪式是很依仗实体化的形式，因为这些可以被感知的事物，才是仪式效果得以达成的基础。

阈限最早广泛应用于心理学和人文社会科学研究。阈限（liminality）一词源自拉丁文“limen”（英语 threshold，意思是极限），指“有间歇性的或者模棱两可的状态”。阈限首先是一个心理学术语，在心理学中有绝对感觉阈限和差别感觉阈限等概念，特指人在意识和无意识之间的临界值。阈限概念是特纳提出的。我们也会发现，特别是对于个人来说，无论是主动参与仪式的方式，还是无意识的恍然认知，“通过仪式”伴随我们的一生。阈限就是专门来表达在某种仪式中，人们通过“通过仪式”完成阶段间转换的临界点。阈限性指示的是一种“间性”，在这种过程中，不同结构状态可以在特定时空中转换。

人类学家杰内普“通过仪式”理论认为，“通过仪式”由分离、阈限与聚合三部分构成。人们在生理年龄积累的同时，社会关系也会随之变化。每当人们在生理年龄到达能够承担相应的社会关系与责任时，不管是

“通过仪式”，还是仪式性的行为，来划分人们进入成长的下一个阶段。“通过仪式”后，人们的社会关系也会随之改变，这意味在实质上得到社会的某种认同。“通过仪式”中的三个阶段，分别带有不同的指示意义。分离阶段意味从原先的状况离开。告别过去在某种程度上是对过去的否定，象征自身已具备与过去截然不同的特性。聚合阶段是人的重新塑造，这种塑造是与告别的过去存在联系的，这种联系存在于角色上的转换。而角色转换后，重新塑造的状态将逐渐稳定下来。阈限阶段则是处于上述两个阶段的中间。这里的时空是相对的，也就是说，我们可以将其视为无限的长，同样也可以是无限的短。总之在“通过仪式”的阈限期，人既是混沌的，又是十分清晰的，就好像转换中的两个角色同时具有但又同时都不是。总之，在阈限阶段总是相对的，既不是左边，也不是右边，可能本来就不存在左右的分别。阈限性是这种“间性”的体现，用仪式来解释则是正在通过一个不受现实与仪式限制的仪式过程。在阈限期，所有参与者都是平等的，与阈限期后身份、地位的不平等是正反两面的相对。

在拉丁文中，阈限（limen）还有“门槛”的意思。阈限是重回母体的象征。特纳将阈限定义为“两可之间”或者是“模棱两可”（betwixt and between）。特纳认为阈限阶段的仪式主体处于一种奇特的状态：既不是这个也不是那个，然而又或许两者都是。处于阈限阶段的人被称为阈限人。阈限或阈限人（门槛上的人）具有界限模糊的特征。

阈限人所处的阈限阶段是在象征死亡的分离与象征再生的聚合之间的阶段。如果说社会的基本模式是位置结构，则阈限人脱离了一个结构，而没有被纳入另外一个结构，所以是未被结构化的。阈限人处于两个结构之间，他们在结构上是不可见的。阈限人由于曾有身份脱落而没有获得新的身份，是无身份之身份，是分离与聚合之间的“空我”。在阈限阶段，他们被剥离了任何结构上的东西，没有姓名，没有财产，成为“纯粹的可能性的领域”，成为具有纯粹潜能的无定型状态。阈限人是各种对立的矛盾纠结的奇特状态，而这种状态是超越二元对立，重回世界创生之前万物神秘合一状态的模拟。交流圣物成为阈限阶段最为重要的事情，圣物会将文化的基本假设刻入阈限人的心中，使这些人充满神秘的力量，从而具有担任新角色的能力。阈限阶段所独有的万物合一和众人合一的神秘体验，以及交流圣物的教育为仪式主体担任新的角色，重新融入他所生存的世界奠定基础。认同不能先验地存在于传播之外。建构认同既要超越对差异的简单弥合，又要破除认同崇拜，认同建立在对差异和他者的尊重之上。阈限性理论提醒我们，认同是一个永远处于过程中的意义建构空间，行动主体及其传播实践是认同想象建构和运用的决定性力量。

二、阈限在思想政治教育仪式中的功能定位

仪式的应用在社会生活中十分常见。如同我们使用筷子一样，各种符号的讯息充斥我们的生活。纵看人类历史的演变，仪式从未消亡，或者出现消亡的趋势。相反越是在人类文明发展程度高的近代，仪式越是备受关注。

古今中外，仪式教育贯穿于国家事务与民众生活，对整个社会意识形态起到管理与教育的功能。思想政治教育仪式不是某个人的发明创造，而是社会发展的需要，人们自然选择的结果。特别是当主流意识形态处于人群自然地更新换代，或者时代跨度大的时期，思想政治教育仪式才能最好地显现出效果。如果用“通过仪式”的思维去理解，自然就会发现，无论是人群的更替，还是时代的变迁，都存在一个类似“通过”的过程，社会生活则成了这场“通过仪式”的展演场。所以说，阈限的概念对于现实中的思想政治教育仪式极为重要。对于个体，人的社会角色转变是与群体、社会的生活角色转变不同的。直白地说，群体的转变会复杂得多，特别是将其置于大社会的视野中整体考量，不仅群体、社会的角色发生转变，同

时社会也会产生相应的改变。我们不能先验地去判定社会的阶段，至少无法准确地预知。只有马克思主义理论对理想社会和社会主义社会的发展做出预言。

所以，在这种意义上讲，仪式的阈限阶段是思想政治教育的关键。对应上一个阶段——分离。我们可以在当前的社会中明显地察觉到。马克思主义理论是伴随工人阶级的觉醒及解放运动的兴起，由先进的中国人传播到中国。在今天的中国，思想政治教育尤为重要。然而，照搬照抄的马克思主义并不是我们最终的诉求，就如同“通过仪式”一般，当前我们正在处于阈限阶段。

结合当前所处的形势，阈限理论对于思想政治教育仪式应有其特殊的功能。阈限理论虽然源于“通过仪式”的讨论，但将其放大至整个社会，这种分析在社会状态间转化了，成了重要的理论工具。工具性的功能具体表现在：对转型期社会间所处的状态的分析；如何接受告别过去社会的状态；分析转型期社会中可能出现的问题，特别是在意识形态领域；转型期社会如何最终完成转型及转型后的稳定维持。具体有以下的作用：

（1）思想政治教育仪式的情感陶冶功能对于社会转型期社会秩序的构建具有重要的支撑作用。社会中存在冲突是一种正常状况。冲突的正功能包括：冲突有助于社会成员宣泄情感，弱化对社会制度的失望和排斥；冲突是一种重要的平衡机制，有助于社会和群体的维护与巩固；化解冲突的过程有助于制度创新；冲突具有整合社会结构的功能，因此将冲突制度化的社会结构比僵化的社会结构更具有稳定性和整合力。情感陶冶是对处于转型期社会人们的一种情感修正。修正的意义在于，使人们在情感方面顺利过渡到转型后的社会。

（2）思想政治教育仪式的不断“历练”是社会转型期培养人们良好思想道德与意志的重要途径。思想政治教育仪式如同其他的仪式一样，具有严格的程序和规范的形式，“国家符号”的介入，使得这种规定性要求不可抗拒。任何带有强制意味的规定，都会带来压迫感，甚至会产生抵触。抵触是一种正常的反应和阶段，也正是在思想政治教育仪式的不断磨炼下，才能够锻炼出优秀的思想品德与意志。在传统仪式中，经常会见到受苦的形式。一方面，惩戒是在告诫什么是应该的，什么是不应该的，如果做了不应该做的是要受到惩罚的；另一方面，惩戒对于磨炼人的意志有明显的效果。

（3）在社会转型期的思想政治教育仪式应当是思想政治教育仪式的基本形式。思想政治教育中包含阶级性的要求，所以在立论之本上，思想政治教育从未脱离政治而谈教育。事实上，思想政治教育谈的都是政治，这就要求思想政治教育仪式中的政治教育应作为一种基本形式而存在。人的行为都带有目的性，目的性是主观意识的产物，思想政治教育仪式同样是带有目的性的设计。

思想政治教育仪式不仅在于国家内部社会具有宣示“权力”的作用，同时在思想政治教育仪式的重复中，将这种“权力”合法化。这对于政治合法化提供保障，仪式的参与者正是政治合法化的群众基础。转型期的思想政治教育仪式则是转型期后社会仍然保持统治合法化的重要途径。

总之，思想政治教育仪式为思想政治教育工作提供更多的可能性途径。这种途径不同于以往的灌输式教育，而是促使仪式参与者自发形成对教育目的的认同。特别是在转型期社会，社会状态的特殊性对思想政治教育提出更高的要求。思想政治教育仪式使参与者从感性认知过渡到理性的方式，这符合马克思主义理论的逻辑。在转型期社会，如果“通过仪式”中的阈限阶段，对于仪式的阈限性研究，有助于我们克服转型期社会可能突发的状况，保证思想政治教育仪式的实施效果。

三、阈限理论的历史局限性分析

阈限理论描绘了一种社会机制，它通过允许冲突来维持社会结构的稳定。阈限理论具有积极意义，能够帮助一个不稳定的群体“净化空气”。但阈限理论不是万能的，它只是缓和矛盾，而没有从根本上解决矛盾。

（一）人的角色定位是变化的

特纳的观点偏重人们在仪式过程中地位的变化，较少关注其中身份角色的转换。在日常生活中，人的身份角色并不一直是固定的。所以，仪式过程中交融状态的获得不一定以反结构的形式出现。英国社会学家兰格认识到仪式活动对形成个人身份起到的作用，“公民身份仍与象征和办仪式的活动（如选举）相关联，在人们意识到公民身份的绝大多数场合中，许多象征和仪式活动从历史上看都是新的，而且在很大程度上是被发明的，如旗帜、画像、仪式和音乐。”❶ 人类在自然中的角色是随着社会历史的向前发展而不断变化的。

（二）事物发展具有不确定性

阈限过程是具有不完善性的。对阈限的不同维度的关注是两大符号人类学家道格拉斯与特纳得出不同结论的原因。玛丽·道格拉斯认为在世界上处于阈限阶段、具有过渡性质的事物是不清楚的，因此具有危险性，所以在人类社会被视为禁忌。《洁净与危险》是道格拉斯的成名作。在该书中她分析了圣经中关于食物的禁忌。

---

❶ 兰格. 传统的文明［M］. 顾杭，等译. 南京：译林出版社，2004：2.

而特纳认为，道格拉斯混淆两种不同的概念，仅仅是从静态的角度来思考。而他是将阈限放在仪式过程动态的场域中来审视，在他那里，聚合是确定的可能性存在，所以他更倾向关注圣方济各修道会的永恒的阈限。聚合是通过仪式的目的。然而，当聚合缺席，通过仪式在阈限阶段戛然而止，阈限就成为永恒的未完成状态，动态的仪式过程转化为静态，阈限呈现作为另类面具的禁忌与疯狂。关于阈限另类面具的疯狂与禁忌，道格拉斯有相关看法：不清楚的就是不纯洁的，过渡的东西具有污染性；人有将世界万物清楚归类的倾向，模糊不清的就是污染或者是禁忌。而特纳认为，含义不清和自相矛盾的状态或许会有道格拉斯所说的污染性，但这仅仅是一种静止的状态。特纳是从动态的角度来思考阈限问题，他认为每个人的生命历程都要交替体验结构和交融或状况与过渡。因为聚合阶段的存在，阈限状态只是一种曾经的状态，或者将会成为曾经的状态，因为聚合作为转化和再生完成的标志，人生也是处在状况与转换交替性转化的过程中。圣方济各修道会的弟兄的状态是永恒的阈限。此生永恒阈限是升入天堂的通道，他们的聚合阶段发生在他们去世以后，也因为这种潜在的聚合的可能，才使他们的永恒阈限富有意义。如果这一潜在的聚合缺席，“通过仪式”恰恰是在阈限阶段便戛然而止。阈限阶段成为持续张开的等待聚合却没有聚合的阶段。也就是说，当分离的仪式已经发生，而阈限或者边缘期被无限延长，这样阈限人没有完成最终身份的聚合，而原来的身份又无法回去。“通过仪式”成为永远持续的没有完成的状态。阈限人便永远在途中，在一种未完成的状态里，重复曾经的、已经成为梦幻的复活神话。他的存在是在结构上已经消失的隐形状态。与众人中存在的显性所对立的隐性存在。阈限人可能会成为禁忌、疯子，甚至魔鬼。聚合阶段缺席，动态转变为静态。特征模棱两可的阈限人被认为是不洁的，具有潜在的危险性。阈限人因此成为禁忌，成为污染，所以遭到隔离与驱逐。福柯在《疯癫与文明》中提到西方历史存在的装载疯子的疯人船。在文明社会被压制的疯子，是不允许在这一代表进步的文明社会中存在的，因此这些人只能遭到驱逐，进而在结构上消失。疯人船也是在一个世界往另一个世界的过渡，然而由于两个世界所代表的是洁净与污染的对立，过渡成为驱逐。在苏美尔神话中，众神造人，却最终制造出一些身体孱弱，或者没有性别、缺少性器官的怪胎，这是一种未完成却无法完成的状态。同样，在“通过仪式”过程中，聚合缺失，再生未能完成，阈限人成为被排斥在这个世界之外的非人、非神。魔鬼并不一定代表邪恶，有时仅仅是一个失败的英雄或者是一个被废除的远古神。他们因在结构上的位置被褫夺而被打入隐性的存在，只有在与光明相对的黑暗中生存，并且因代表未知世界的恐怖成为污染的源头而被标记为禁忌。

不确定性是指事件出现或发生的结果是不能准确确定的。结构分析中的不确定性表明：事件应采用不确定性理论进行描述，有时还需通过经验加以分析和判断。因此，还是应从马克思主义的量变、质变规律的视角来进一步思考仪式中的阈限问题。马克思主义认为，任何事物都是质和量的统一体。质是一事物区别于它事物的自身的内在规定性。事物的质和量是区别的两个指标，所以在说质量的时候，其实涵盖的是双重要求。正是双重的要求才能够体现质量的重要性。质讲的是事物本质的属性，往往事物本质的属性是隐藏在表象之下的。量是对大小、多少、快慢等存在对比性的指标的计量。质与量的关系存在于一个度之中。度就是质与量相互转变的中间临界点。马克思主义对事物质与量的表述为：量是表象上可以观察的，对于量的积累的考察是相对直观的。当量的累计到达一定程度时，也就是达到临界的度时，量的变动会导致质的改变。质的改变决定事物的属性发生变化，这说明变化不仅仅存在于表象，事物深层次的本质也发生了变化，由此产生新的事物或新的阶段。新阶段量的累计，等于重新开始新一轮量与质的互动变化。

（三）社会和人都是整体的

阈限理论在整体性认识上是有缺陷的，应从世界的整体性上来思考仪式问题。不同于此的是，思想政治教育仪式可以克服这一缺陷，因为思想政治教育仪式的基本定位就在于整个社会当中。这并不意味思想政治教育仪式就排除掉研究个体参与者之于仪式的理论，而是从立论之初就设定好突出思想政治教仪式的社会化特征。将仪式的社会化纳入思想政治教育仪式本身含义当中来。社会正是在各种构成要素的相互作用中发展起来的。社会历史研究中的一个根本性问题是回答在各种构成要素中起决定作用的是什么。《〈政治经济学批判〉序言》给出答案——物质生活的生产方式。恩格斯有过透彻的阐述："人们首先必须吃、喝、住、穿，然后才能从事政治、科学、艺术、宗教等；所以，直接的物质的生活资料的生产，从而一个民族或一个时代的一定的经济发展阶段，便构成基础，人们的国家设施、法的观点、艺术以至宗教观念，就是从这个基础上发展起来的。"❶ 该原理为科学研究社会历史奠定了唯物主义方法论。正像恩格斯所表达的，它"对于一切历史科学（凡不是自然科学的科学都是历史科学）都是一个具有革命意义的发现"❷。我们应该充分意识到，对于思想政治教育仪式的研究，是以马克思主义理论为指导的，相比于国外的有些研究，这是我们最大的优势。

---

❶ 中共中央马克思恩格斯列宁斯大林著作编译局．马克思恩格斯文集：三卷［M］．北京：人民出版社，2009：601.

❷ 中共中央马克思恩格斯列宁斯大林著作编译局．马克思恩格斯文集：二卷［M］．北京：人民出版社，2009：597.

第二节 思想政治教育仪式的象征：功能与结构

仪式是人类历史长河中最古老、最普遍的一种社会文化现象，仪式作为最明显、最集中的反映，表达了人们对于人与世界的理解、解释与看法，并揭示了人们的文化与社会生活的节本结构，以及整体运作规范、逻辑与秩序。象征（symbol）是人类重要的表达方式。仪式具有象征性，仪式的象征问题是学术界研究的重要课题之一，其功能与结构是象征的核心问题。

一、仪式符码视角的象征及其功能

（一）象征符码的基本含义

符号学创始人波尔斯说："一个符号或表征，对某人来说是在某一方面或以某种能力代表某一事物的东西。符号的价值基于他们所代表的东西的能力，而不是符号本身。如一个单纯在一个句子里（单词只是墨水和纸张的形式），声音在空中传播——但当它们用于传播的时候，它们就和它们所代表的东西产生了联系。因为在符号和它们所代表的东西之间的联系，在人类使用符号中占有中心位置。"[1] 仪式是"内涵"与"外延"的集合，其中"外延"指的是仪式的形式的、程序的物质化层面，"内涵"则是仪式所蕴含的价值、观念等。"外延"是"内涵"的外在承载方式，

---

[1] ERIC W. Ritual communication: from everyday conversation to mediated ceremony [M]. London: Sage Publications, 1998: 59.

也正是通过这些物质化的存在来联通与“内涵”之间的关系。仪式无法脱离开“外延”的展现而在现实中实现。

符号活动是把人与文化联结起来的中介物、媒介物。符号被仪式“有机”的集合在一起，在符号学中称为符码（code）。符码，原先是指语言或文字，后来指通信上一定的最小表达单位与组合规则。符码这个观念后来被绘画、音乐、设计、流行等领域大量借用。符码是人们主观设定出来的，在仪式中符码之间的配合是固定的，也就是说，在特定的仪式中，符号或符码的组合在“所指”的意义上是稳定的。符码参与建构现实有三个要点：第一，它们有建构真实的能量；第二，符码的设定是为了被感知；第三，人们对于符码的设定带有目的性。

符码设定的重要意义在于，它既是人们主观的随意，同时也是一种稳定结构的组成。特纳认为，符号是人们制造出来用于满足社会的需求的。在仪式中，这种象征符码是最为普遍的，是仪式的最小单位，其象征中的独特而又符合规范的设定，在仪式中以形式的、程序的物质化方式存在，用于展示仪式中所具有的社会关系。从某种程度上讲，在这样的意义下，整个人类世界都是由象征符码编制出来的。法国符号学家罗兰·巴特从符号学和结构主义的方法论角度，从文本解码扩展到非言词文本，考察了文字符号和非文字符号体系中的规则和习俗。他认为一切文本只有五种基本的符码设定，即布局符码、意素符码、文化符码、阐释符码、象征符码。相对应代表的是经验、个人、科学、真相、象征的声音。布局符码主要是一些能够推动情节的典型行为。意素符码主要是指明某个人物或者某个环境的特征。阐释符码主要是设谜与解谜，以及对于真相的探求。象征符码主要是指文本中反复出现的模型。这五种符码蕴含了文字运用模型中的开放性与非连续性。

伯恩斯坦提出关于符码的理论，基本有以下向度：符码本身理论的研究向度；应用型向度；实证向度。象征也是符号，一种特殊的符号。人类生活在充满符号象征的世界里，从古至今，各个族群都在用各种符号交流着丰富的民俗文化信息，形成不同的传统文化。

除此之外，还依赖于意识形态上的规定性。人类在认识上，首先是将自身的身体视为“文本”并加以认识。象征迫使“身体文本”屈从于抽象法则，然后才能过渡到“象征文本”中去。象征采取了“分离整合”和“差异整合”。正因为有了分离和差异，所有个体就有了存在的规定。仪式中的象征符码都是为了仪式而服务，同时也承载着仪式的象征意义。因此可以说仪式是一个象征体系，可以从三个层次解释一个仪式符号的象征意义：注释含义，即普通人和仪式专家的解释；应用含义，即象征如何在仪式范围内被应用的；地位含义，即把象征的含义看作由它与其他象征在一个整体中的关系所决定的，各部分是作为一个整体的体系而获得他们的意义。

（二）象征符码的功能

社会人无疑是文化的产物，由于文化是属于一个大型群体所共有的，所以也要求每个成员归属于群体之中，并认同群体在文化上所具有的独特性。能够控制这样的方式有很多，如宗教的、习惯习俗的、价值理念的等。个体成员在认同群体的文化特殊性时，也找到了归属感。群体文化的内部张力可以给予这种个体差异性以充足的空间。特纳认为，将仪式置于大社会的视域下，使得“人类文化中结构上的冲突、不对称和异常总是包裹在一层又一层的神话、仪式和象征里”[1]；他还发现，“同样的仪式在不同的背景下有着不同的意义”[2]。

---

[1] 特纳．象征之林——恩等布人仪式散论［M］．赵玉燕，等译．北京：商务印书馆，2006：53．

[2] 特纳．象征之林——恩等布人仪式散论［M］．赵玉燕，等译．北京：商务印书馆，2006：53．

一般地说，符号具有两种指示，分别是能指和所指。能指包含的是符号本身具有的一些物质特性，如说苹果相对于其他水果或者食物，有其自己的特点。所指则是符号的意义层面的指代，就好比，国旗不仅仅是一块布，它的所指象征国家的政权和民族独立性。当两种指示合兵一处时，才会产生完整的符号。也就是说，符号必须具备这两个方面的指代。符号在传播的时候，并不一定是准确无误的。因为存在个体的差异性，认知能力和基础的认识不同，很可能会产生符号在传播时，失去其原本所指的状况。人类社会公认的基本符号有很多，最普遍的是语言。然而，从世界范围内看，语言的种类却相差甚大。不过在同性的方面，都是源于此类语言所掌握的人群具有的生理特征，包括发音方式、言语逻辑等方面。更为明显的是，包含在语言中作为一种象征符号，所具有的所指含义不同。不同的人群生活在同一个世界层面上，证实了符号所具有的能指含义的差异性是相对较小的。不同条件下所产生的象征符号，其设定的所指含义可能差距很大。显而易见的，仪式并不是为了满足单个人的需求。虽然，仪式可以呈现为个人的行为活动，但是不可避免的，这些仪式都无法脱离于社会结构性的影响而独立存在。事实上，仪式的展演往往是被置于一个具体的空间背景下，从某种意义上讲，仪式本身就是某种社会关系的象征性展演。

象征符号只有在传播的过程中，才存在现实的意义。美国传播学者罗兰布勒说，“仪式是一种象征性的秩序，几乎涵盖了所有的社会活动”[1]。

由此可见，在传播的意义上，仪式可被视为人们最基本的行为方式。这势必会将传播与仪式的意义冠于人类的所有行为上，也就等同于说，仪式与传播之间变得没有必要刻意区分开来，他认为“仪式和传播是同一家

---

[1] ERIC W. Ritual communication: from everyday conversation to mediated ceremony [M]. London: Sage Publications, 1998: 4.

族，它们有逻辑联系并且具有同一家族的特征”[1]。仪式是丰富社会秩序传播结构的一种方法，对社会关系是一种合理的安排。值得注意的是传播的“风险”是极高的，它不仅可能是两个个体间的传播，还可能是两个群体间，甚至两种不同文化间的对话。任何一个环节出现差池，整个符号的传播过程就会功亏一篑。整个传播过程包括三个步骤，第一，是“意义”，指传播的行为和在传播中产生的意义；第二，是“互动”，是传播的过程；第三，是解释，只有接收方给出正确的解释认识，整个传播过程才完结。由此，揭示符码的三个层次，分别是表层符码、中介符码、深层符码。符码的象征表现在这三个符码解读过程当中，也就是说，只有接受好表层符码，才能找到中介符码，从而揭示深层符码的象征意义。

二、思想政治教育仪式象征符码的整体架构分析

伯恩斯坦的仪式理论有两个重要贡献。第一个就是通过分类和框架的概念，来研究生产知识。分类是指事物与事物之间是存在区别的，而这个区别的界限就是划分的程度。分类有强分类、弱分类。强分类指的是差别大而明显、可替换性低的符号。就好比，思想政治教育与思想政治教育学之间有明显的差异。而弱分类则是相对于差异小、融通性强的知识符号。构架是指思想政治教育中的主体间知识的传播互动。同样，构架也分有强与弱，当强构架时，知识传播互动倾向单向而快速地进行；当处于弱构架时则相反。两个概念构建在一起，对于社会控制存在不同的指示，当强强结合时，对于个人发展是不利的，知识被控制起来；当弱弱结合时，有助于降低知识传播互动时的成本，人与人之间的交流能力成为重要的方面。

现实中，仪式被嵌入大社会的场域，其运行是通过符码与意义系统共

---

[1] ERIC W. Ritual communication：from everyday conversation to mediated ceremony［M］. London：Sage Publications，1998：26.

同发挥效力的，仪式的“表演”成为最为普遍的形式、方式。从某种角度看，“表演”就是简易化的具有某种规范意义的主观目的性行为，这种目的性必然带有传播的意义，行为本身即所谓的仪式行为和行为仪式化。

按照符码架构的要求，思想政治教育，首先，应该应对好个体与整体间的矛盾，忽略整体或者忽略个体都是不正确的。其次，是形式与内容的矛盾。这是指在具体操作阶段，形式与内容的多样化组合容易形成矛盾。最后，是传统与现代的矛盾。对于现代来说，传统既是一脉相承的渊源，又是某种阻碍发展的力量。

三、思想政治教育仪式的隐喻功能

隐喻具有涉及两种事物的特点，有时甚至是看似毫不相关的两种事物。这就使得隐喻运用者在隐喻受众的表达和意义理解过程中起到决定性作用。

古希腊的亚里士多德最早开始研究隐喻。他在《修辞学》的“论修辞”中把隐喻定义为“将属于一事物的名称用来指另一事物。”这导致隐喻一直被视为一种语言运用现象。20世纪以后语言学研究迅速发展，学者们开始从语言学角度认识和研究隐喻，并提出了一系列解释隐喻现象的理论。来考夫和约翰逊在1980年合著的《我们赖以生存的隐喻》开辟了研究隐喻的新途径，几十年来，沿着这条途径摸索前行的国内外学者取得了不少成果，从而确立了隐喻在人类认知过程中的地位。来考夫和约翰逊提出了一个全新的隐喻概念，即隐喻不仅是一种语言修辞手段，也是一种思维方式。他们指出，隐喻的内涵是指存在于人们头脑里的一种经过归纳、反映事物本质的隐喻表达句式。作为语言中普遍存在的原则，隐喻是人以隐喻化的方式对世界的知觉和理解的产物。隐喻作为人的基本思维方式，其影响不仅涉及精神文化领域，而且必然也要影响到人的实践生活领域。

隐喻的社会功能主要指隐喻的幽默功能、亲和功能、遮蔽功能，以及隐喻的政治功能和隐喻的教育功能。我们把隐喻的幽默功能、亲和功能、遮蔽功能称为隐喻的一般社会功能，隐喻的政治功能和教育功能是隐喻的社会功能中最重要的两种功能。

仪式中蕴含丰富的隐喻，就是将可以直接表达的意义遮盖起来的表达方式。在人类文明的进程中，人之所以有别于动物，也体现在这种“所指”意义的臆想。理所当然，这种看似“多余”的方式并不是用来满足人生理上的基本需求，而是为了向人们自身去展示人类所具有的特殊意义。在生活活动中所积累出来的习惯性动作，如见面时地点头微笑，都是出于展现人自身具有社会的适应能力，在这个过程中，隐喻逐渐成为一种无意识的表达和理解方式。卡西尔说：“符号化的思维和符号化的行为是人类生活中最富有代表性的特征，并且人类文化的全部发展都依赖于这些条件。”❶ 隐喻的力量在“通过仪式”中表现得尤为突出，如人们在“成人礼”中，或许只是折断一枝树枝，就可以隐喻人们从青年到成年人的身份转变。

那么具体地说，仪式是如何发挥效用的？从表象上来看，仪式发挥作用意味着参与者履行了仪式所规定的行为，就好像在接收仪式所传导的能量一般。事实上，参与者所接收的并非特殊的能量，而是仪式中所有符号所制定的规范性秩序。从这个角度说，参与仪式的人们，精神会采纳仪式象征符号所带来的秩序的重构。诸多的秩序性精神构建，使得人类有别于动物，并构架起一个充满着象征系统的人类社会。同时人又为自己创造了一个象征的符号世界，不再单纯地生活在一个物理世界中。

在日常的现实生活中，仪式活动极大地影响着人们的思想观念和行为模式，为深化思想政治教育提供了有效形式和重要载体。仪式活动通

---

❶ 卡西尔. 人论［M］. 甘阳，译. 上海：上海译文出版社，1985：8.

过仪式场景能够构建有效的思想政治教育情景，仪式活动本身也蕴含着丰富的思想政治教育内容，能有效地整合各种思想政治教育资源。充分利用和发挥仪式活动功能，可以有效地提高思想政治教育效果。仪式的隐喻功能，是从隐喻与社会、隐喻与符号的关系入手，描述探寻人思考问题审视自我的方式，解决社会意识形态和社会伦理关系中的问题，并为解决现实中的一些实际问题寻求答案。隐喻的基本作用是用另一种事物来理解或解释某一事物，从而帮助人们更好地理解某些抽象的概念。它不但可以帮助我们观察世界和认识世界，还能创造出新的意义、传达新的思想。

从心理学角度看，行为是有机体在特定环境下所产生的内在生理变化和外在反应。人类仪式与动物的类仪式行为存在紧密联系。人类的矛盾心态、仪式的矛盾内涵与自然的矛盾现象是紧密联系的。从马克思主义有关人的社会性、自然性的理论看：仪式是以人类社会的生产劳动为基础，随人类社会的产生而产生的，反映了人类对自身和整个世界以及二者关系的态度。这种行为方式引发出某种特定的理想状态，引领人们进入与之相对应的现实境域。除了社会性，仪式也带有人类生理和心理的标签。

从某种意义上讲，仪式是有秩序的“代言人”，秩序所具有的规范化约定，都是在仪式性行为的实践中，不断被重复，从而固定下来。如果人类社会失去了秩序意义，也就只剩下意在满足自身生理需求的意义了，显然这种假设是不成立的，因为无论是从社会构成的必然需求上，还是从人类自身包括生理上的需求，秩序都是十分重要的，正是这种反抗于“混沌”的过程中，人类的精神层面和社会的意义才能够被彰显。

从心理学角度看，思想政治教育仪式具有两种基本功能：一是可以提升精神境界。以典礼的形式开展教育活动营造出了特殊的教育氛围，激发人们积极向上。二是表达内隐的教育内容和教育观念。借助美的教育形式，使内隐的教育要求外显化，并产生了持久的影响力和作用效果。仪式活动是融合和创造性地运用了多种艺术形式。精心筹备的教育仪式，透过视觉、听觉、感觉等多种感官刺激，使人们的多种意识产生综合效应。

四、思想政治教育仪式的结构定位

（一）如何理解“结构”

美国社会学家帕森斯最具代表性的著作是1951年的《社会体系》。他在该书中指出所谓“社会结构是具有不同基本功能的、多层面的次系统所形成的一种‘总体社会系统’，包含执行目的达成‘适应’‘整合’和‘模式维护’四项基本功能的完整体系”[1]。结构表现为一种功能，结构又是一种互动关系模式，结构同时还是一种规范。在帕森斯看来，三种结构概念既被独立地呈现，又被统一地糅合。同时，这三者依靠中介变量“地位—角色”串联起来。克洛德·列维－斯特劳斯则认为，结构是“决定历史、社会与文化中诸具体事件和行为的基本规则整体”[2]。这里的“规则整体”指的是相对在言语行为、社会行为、意识活动等形而“上”的存在。理所当然，相对的也存在形而“下”，即符合表象层面的有秩序。“诸表面秩序，即可观察、可分析归纳的诸社会现象的秩序，是各种表层结构，能反映决定着它们的深层结构。这里，列维－斯特劳斯再一次强调了‘深层结构决定表面秩序’的观念。这很类似于马克思的格言：文化价值和信

---

[1] 李毅．社会学概论［M］．广州：暨南大学出版社，2011：2．

[2] 李幼蒸．结构与意义——人文科学跨学科认识论研究［M］．北京：中国社会科学出版社，1996．

仰，以及制度安排是经济基础结构的一种反映。”[1]

马克思主义社会结构理论则认为：“社会由生产力、生产关系即经济基础和上层建筑三部分构成。”[2] 马克思曾说：各个人借以进行生产的社会关系，“即社会生产关系，是随着物质生产资料、生产力的变化和发展而变化和改变的。”[3]生产力是整个社会存在和发展的最终决定力量。生产力决定生产关系原理揭示了社会历史发展的根本源泉。经济基础和上层建筑的相互作用及它们的矛盾运动贯穿于社会发展过程的始终。马克思主义社会结构理论更为强调物质的生活关系层次，即人们在生产中发生的不以人的意志为转移的生产关系。这些生产关系的总和构成了社会的经济结构。主要可以从以下几个方面来理解：一是“结构”往往是“关系”的集合体。马克思主义理论认为，物质和精神生产关系构成生产关系总和，而生产关系又构成经济结构；二是“结构”往往是社会矛盾的集合体。不管是现实中的矛盾问题，还是社会构成间的矛盾性，都在“结构”中有所体现；三是社会的发展依赖于“结构”上的矛盾运动。这就意味着，在对社会行动进行分析时，应该更加注重社会整体性的考察。“结构”体现了客观现实与人的主体性辩证统一的关系。

（二）仪式行为与日常行为在相对意义上的区分

思想政治教育仪式是人的社会实践活动，所以“人的行为”是思想政治教育仪式结构中最重要的一环。出于对此的考虑，在这里对人的行为中的仪式行为和日常行为进行辨析是有必要的。

---

[1] 周怡．社会结构：由“形构”到“解构”——结构功能主义、结构主义和后结构主义理论之走向［J］．社会学研究，2003（3）：59.

[2] 杨方．马克思主义与结构功能主义的关系探析［J］．学理论，2012（12）：94.

[3] 中共中央马克思恩格斯列宁斯大林著作编译局．马克思恩格斯文集：一卷［M］．北京：人民出版社，2009：724.

人的仪式行为和日常行为，在相对意义上是可以区分开来的，判断彼此的标准在于人的行为的“能指”与“所指”，哪个是行为的主要意义。“能指”意义强于“所指”意义，可看作日常行为；反过来，“所指”意义强于“能指”意义，则可看作仪式行为。其实在现实中，这种判别很难清晰，又因为人的社会行为脱离不了主观意识的目的性，这就使得一切社会行为或多或少地都带有象征意义，所以对二者进行区分也仅仅是在相对的意义上来说的。

日常生活中的仪式和重大事件的仪式都是社会生活中道德规范的组成部分，都是这个世界“应该”的一部分。在政治仪式上的宣讲，我们都会保持庄重。在葬礼和纪念仪式上，我们敬重别人，承诺记住他们，而且承担关系的责任。在日常的问候中，我们把自己表现成具有明确个性的某个人，而且保证是那个人。具体到思想政治教育仪式行为来说，这种“行为”的象征意义（所指意义）是最关键的，也是思想政治教育仪式结构中不可缺少的一部分。

（三）思想政治教育仪式的结构功能

人类社会中，充满各种不同类别的仪式，用以维护社会的秩序。社会关系的复杂性要求更多的秩序规范，社会秩序的不易稳定性要求多样的社会仪式。思想政治教育仪式同样代表着独特的社会秩序和社会关系，并服务于社会整体的稳定。

“思想政治教育是社会或社会群体用一定的思想观念、政治观点、道德规范，对其成员施加有目的、有计划、有组织的影响，使他们形成符合一定社会或一定阶级所需要的思想品德的社会实践活动。”[1] 对于思想政治教育，仪式以文化为载体，密切结合现实生活。通过各种要素与场景交互

---

[1] 陈万柏，张耀灿. 思想政治教育学原理［M］. 北京：高等教育出版社，2007：4.

作用，由特定文化传统创立的情境教育与学习方式。通过仪式，思想政治教育就更多的是参与而不是灌输，是一种内部转化的过程。思想政治教育仪式是通过激发和唤醒参与者去认知仪式所具有的价值、观念，而并非直接“告诉你该怎么样做”。思想政治教育仪式是由人的行为构成的，这种肌肉与精神的“记忆性”行为，是仪式形式化的基本特征和运行机制。而从仪式内部去看，一定程度则与人的行为运动无关，仪式的运行机制是由所构成的符号的运动来完成的。美国社会学家柯林斯在《互动仪式链》中提出：“仪式是一种相互关注的情感和关注机制，它形成一种瞬间共有的实在，因而会形成群体团结和团体成员身份的符号。”[1]

反过来看，仪式将思想政治教育揉入人们的社会生活活动中，实则是为思想政治教育开辟了一个新的发展空间。仪式是一种促使参与者形成某种思想品德的实践活动。首先，它可以最大限度实现受教育者的道德体验。在思想政治教育仪式中，受教育者转变为参与者，而作为参与者专注的只是仪式本身所带来的体验。其次，在道德学习过程中，完整满足了受教育者的心理参与需要。在思想政治教育仪式中，思想和行动是合二为一的，并由此产生一个真实的世界。最后，为道德内化创造了有利条件。思想政治教育所传递的价值与理念，需要切切实实的现实基础，或是来源于客观的生活层面，或是来源是精神上的信仰、追求，这是人们能够去“理解”的基础。

仪式所要具有的特征，就是人类社会活动中所有的特征。所以说，作为普遍的仪式的存在，思想政治教育仪式活动也应该是思想政治教育的普遍形式。

思想政治教育仪式也有一个结构问题。结构构成系统，要素组成结构。要素是结构不可再分的最小元素。结构决定功能，也决定了整体效应

[1] 柯林斯. 互动仪式链［M］. 林聚任，等译. 北京：商务印书馆，2009：36.

的形成与实施。具体来说，思想政治教育仪式系统结构包括基本结构、目标结构、内容结构。其中基本结构决定了后两者，目标结构也决定了内容结构。总之，它们之间是相互连结和相互作用的，要素是指构成有机系统的基本要件和基本因素。思想政治教育仪式要素是指构成其系统必不可少的基本要件和基本因素。

思想政治教育仪式是一种动态、复杂和有规律的工作原理与运行方式。教育对象对教育信息的信服是思想政治教育仪式结构的目标指向。

思想政治教育仪式的结构功能，“包括反应状态、解读状态、筛选状态、整合状态和化解状态这几个层面的运行和规律性变化”❶。第一，反应状态是接受主体的思想准备状态。它是思想政治教育仪式接受主体启动接受活动的起点。第二，解读状态是接受主体对接受客体最初的应对状态，即第一印象。一般来说，思想政治教育仪式总是与社会关系、意识形态与制度、社会秩序等关联。这些社会的属性既是仪式表达的方式，又是仪式表达的结果。在这样的关系系统中，仪式所运用的方式经常转换为各种形式，如语言的、图像的、行为的等，转换的形式是仪式转变的一种方式。经过解读状态，接受主体对接受客体做出了最原始的判断。该判断模糊而具有整体性。这样加强了接受主体的注意，提升其信息接收的质量。第三，筛选状态是接受主体发挥主观能动性对外来思想信息进行接受或拒绝的初级判断状态。因为思维方式因人而异，所以每个接受主体的筛选程序也不尽相同。第四，整合状态即把新知与已知联系在一起，通过思维加工，产生新的认知结构。这种整合过程凸显思想政治教育仪式中的接受者的主体性。接受主体理性思考外来思想信息，并转化为自己的认知结构。第五，接受主体从未停止思想接受活动最终进入化解状态。接受主体经过反思、自省将接受客体化为理想信念，并融入情感意志，使得认知深化与

❶ 赵继伟：思想政治工作机理研究述评［J］. 理论月刊，2011（2）：177.

稳定。通过不断的实践验证，逐步形成思维定式与行为习惯，并逐渐扩散到社会群体中

以上五种思想政治教育仪式的结构功能运行都是相对独立的。同时环环相承、螺旋上升，使得思想政治教育仪式呈现出阶段性与整体性、变动性与稳定性有序互动的有机统一。每一个阶段的运行都经历了接受主体固有思想体系与外来接受客体的较量。前一状态是后一状态存在的前期准备和基础。如此这般逐步前进，使得思想政治教育仪式中的思想道德意识运行路线不断完善发展。具体来说，一是思想政治教育仪式结构中组成部分，是相互联系、制约、作用的。几乎所有的思想政治教育现象和行为都含有仪式的成分、体现仪式的部分特征；二是在思想政治教育仪式的过程中，结构中各组成部分各自功能的作用原理以及实现整体功能的动态运行。思想政治教育仪式现象和思想政治教育行为远比我们想象的更为复杂、更为宽泛。三是这些组成部分的结构构成决定机制运行的状态、质量与功能。

第四章 社会视野下的思想政治教育仪式

第一节 思想政治教育仪式的社会性表述

将思想政治教育仪式置于社会变迁中去考察，是一个非常大的视野，这也就意味着将“国家”以及国家的主流意识形态的作用和影响一并作为观察对象。显然，这样有利于增强我们对思想政治教育仪式社会性的认识。因为，“国家符号”在思想政治教育仪式中是最为明显的标识，所有的“国家符号”都具有象征在思想政治教育中“权力”的作用。那么，如果思想政治教育、思想政治教育仪式脱离开这种“权力”行不行？答案肯定是不行的。因为，现代国家是一个“想象的共同体”[1]，这是一种建立在认同基础上的高级组织结构。证明之一就是传媒的作用，然而在现代社会，任何政治集团、势力在创造仪式时都不会忽视这一手段的利益，来凸显“国家符号”。“国家”之于思想政治教育仪式中的介入，必然会对社会产生重大的影响。

---

[1] 安德森. 想象的共同体（民族主义的起源与散布增订版）[M]. 吴叡人，译. 上海人民出版社，2011：36.

一、“整体性”与社会结构特点

（一）社会的整体性与“整体”的仪式

我们在对思想政治教育仪式进行讨论时，其实是有一个“场域”前提的。就好比同样是一个苹果，结在树上的时候、放在盘中果脯的时候、印在手机背后的标志的时候，讨论起来是完全不一样的。将思想政治教育仪式置于“社会”的场域中，这是无可厚非的，因为它是社会中重要的组成部分，可以被看作人类专属的活动行为。那么，这是怎样一个“社会”的场域呢？答案可以是经济的、人类行为的、社会关系的、文化的等，总之，都需要遵循一个基础共识：社会是整体的。

这种“整体性”的认识包含两种基本认识：一是社会的整体性。莫斯强调“整体性社会现象”（total social phenomena）[1]，这是一个基本的分析视野。无论社会中的经济、宗教或者其他部分，都属于社会整体结构中的组成部分，只有将它们置于社会的整体中考察，才能明白它们的意义。就好比一辆结构复杂的汽车，我们无法脱离“它是一辆车”去讨论一个轮子、一个轴承或者是制动装置的意义。这也说明，思想政治教育仪式同样需要放置在“社会”这样的整体系统（social system as a whole）中去考察。二是思想政治教育仪式本身的整体性。所谓“麻雀虽小，五脏俱全”，仪式同样可以被“分解”为众多要素，如时间、空间、话语、器物等。这些构成在某种程度意义上，是人为规定出来的，但只有具备结构上的完整，这才叫作仪式，而并非他物，同样说明在社会中，仪式具有无可替代的意义。

---

[1] MAUSS M. The gift：forms and functions of exchange in archaic societies [M]. New York：Norton，1967：77 - 78.

（二）仪式的社会构成特点

对社会中人群划分理解，可以有阶级的不同而区分；社会层次的不同而区分；同样可以由仪式来区分。这主要是由于，仪式有自身社会构成的特点，主要有三个方面：一是“中心”与“地方”。思想政治教育仪式在进行中，可以是一个大型的、独立的、独特的社会事件，如果将它看作那个特定社会时空的中心的话，自然就出现了“中心”与“非中心”的区别。在思想政治教育仪式中，仪式的主持者、参与者都成了“重要的人”，仪式中的象征与理念甚至成为那一刻全部的意义。而在仪式边界外的人、物及时空，则相对变成次要的了，由此社会被划分成一种“中心”与“地方”的状态。二是“等级”的区别。毋庸置疑，在现代中国的社会中，不存在等级的划分，这意味原则上，思想政治教育仪式也不存在“等级”的区别，可是换一个角度，我们对价值的评判明显是具有高低之别，即个人利益服从集体利益、集体的利益服从国家的利益。也就是说，我们在价值判定上，不会衡量某两个人之间的利益，而是考虑更多数量、占比重多的一方的利益。所以，由于有“国家”的介入，思想政治教育仪式中必然是存在因“等级”而不同划分的。三是仪式特定的区别。在社会视域下，权力的权威性来源于“国家”。当“国家”将一定的权力赋予思想政治教育仪式中时，相当于这种思想政治教育仪式拥有了一定的“国家在场”的权威性。所以，这种权威性可以被仪式使用，从而定制自身的“社会平等属性”。换句话说，在仪式中，仪式可以自行规定哪些人是具有平等地位的，以至于这些人所拥有的社会特权、地位在那一瞬时变得荡然无存。仪式不会赋予某些人拥有可以不完全执行其特定的规则的权力，所有参与者都是直接面对“神圣”，这是不容违背、不容抗拒的。

二、社会展演中的“仪式的工具化”

一种仪式的价值很难完全被总结。这是由于，一方面，每个学者有各自的研究特点、侧重，至于这个学者与研究对象是否属于同一文化底蕴更是另当别论，就好像一个“洋人”很难去理解中国传统文化中的“阴阳”学说，更别说去描述了；另一方面，一种仪式在不同的时代背景、社会需求、人的发展状况下，可以表现出不同的功能。谁都无法断言某一种仪式只有怎样怎样的功能，因为人类社会历史前进总是不受个人的意志所操控。

那么，不同的社会时代给当前中国的人类行为带来怎样的不同呢？例如，在我国古代，人与人见面时招呼的“礼仪”是有特别的规定的。其中“礼节性”的成分是不可缺少的，这些行为上的规范对于“君子”评价有直接的关联。而在当今的社会中，这种“礼节性”的成分在打招呼的仪式性行为中，变得越来越少。在乡土社会中，表现为更加的随意性、简单化、直接性。总体上说，这是一种大趋势，是工业化、电子科技信息化、全球化及个人主义等因素加剧造成的。诸如打招呼的“仪礼”的变化，仪式也逐渐显现更强烈的“工具化”特征。

（一）思想政治教育仪式的“日常性铺垫”

当我们在日常生活中，见到人并向他打招呼的时候，可能会说“你好”，离别时会说“再见”。诸如此类的细小的生活仪式行为，每天都在上演。然而在更深层次的意义上，问好可以作为一种社会接受的认可方式，“再见”则成了对那一特定对象已经接受的一种认可。事实上，我们并不是见了谁都会这样子打招呼的，那么判定的标准是什么呢？答案理所当然是根据社会内的规则、规范而定的。类似的日常行为还算不算仪式的范畴？弗思认为："作为一种更为宽泛的交流与交往的随意方式和形式类型，它在社会中具有特定情境中的社会事务的控制力和平衡作用。"[1] 这种"日常性铺垫"对于仪式是不可或缺的。由此看来，思想政治教育仪式同样不可缺少这种"日常性铺垫"。

自古有"和氏璧"的美谈，势力间的盟誓也不在少数，这些都少不了仪式从中"作证"，也只有通过仪式才使得某种"契约"合法化，甚至演变为一项制度。由此可见，仪式的社会化可以是某种制度产生的根据。

（二）思想政治教育仪式程序的权威性

思想政治教育仪式的程序是在具体展演时的重要组成方式。然而特别是在仪式的不断重复中，程序往往成为被轻视的对象。就好像我们不能删减这个仪式，却可以在程序上偷懒一样。这是因为，在很大程度上，思想政治教育仪式的权威来源于这些程序性，也只有这些程序在得到遵守时，才能体现仪式的权威性来。

第二节　思想政治教育仪式的社会化控制

一、思想政治教育仪式中的"强制"

"当人们试图定义仪式时，他们注意到抛开仪式本身和与仪式没有联系的事物，仪式本身没有什么特殊的东西。事实上，仪式包含在仪式轨中，换言之，包含在得到明确规定的行为方式中。任何社会仪式都具有同

---

[1] FITH R. Symbol: public and private [M]. London: ALlen & Unwin, 1973: 3.

样的特征……大部分仪式都是强制性的。”[1] 涂尔干在这段论述中，清晰地表达了一个观点：仪式是具有强制性的。那么，思想政治教育仪式是否应该具有强制性？答案必然是肯定的。有的学者认为，思想政治教育中的仪式应该使参与者拥有更多的自主性。本书认为是不妥的，原因很简单，如果参与者可以在仪式中想做什么做什么，那就连集会都算不上，就如同在菜市场的买卖一般了。那是否思想政治教育仪式就拒绝一切自主创造性元素？那却不是必然的。但即使可行，也必然包含这样几种指示：一是参与者在遵循思想政治教育仪式的“宗旨”基础上，对仪式的细节进行创新。这里是指仪式中形式、程序上的某些“改进”，如更加人性化的表现。但是值得注意的是，这种参与者的“自主性”是极为有限的，因为它毕竟走不出那个仪式的场域之外。二是参与者在遵循思想政治教育仪式的“宗旨”基础上，新仪式的“制造”。思想政治教育仪式不是自然界的产物，体现的是人的社会关系。所以，思想政治教育仪式一定是在社会发展中被人“制造”出来的，更确切地说，只能在“国家”的指引下来创造。由此可见，参与者在对思想政治教育仪式进行“创新”时，这种“自主性创造”是受到限制的，甚至，任何逾越“规范”的“创新”都可被视为一种对仪式“神圣”的亵渎。当然，我们不反对加强对仪式中主体的强调，可毕竟仪式想告诉我们的是，有“什么”（精神的）是凌驾于我们个人之上的，并不断重复这种观点，使其固定下来。总而言之，思想政治教育仪式要想实现对社会的控制，或者说具有社会控制的能力和性质，就必须具有社会强制性特征。

这种社会强制性至少包含以下几个方面：一是思想政治教育仪式是我国在特定的社会历史下做出的选择，一经形成，就要求所有的社会成员必须遵循仪式中的规范性行为活动。也就是说，思想政治教育仪式是属于我

---

[1] 涂尔干．乱伦禁忌及其起源［M］．汲喆，译．上海：上海人民出版社，2003：101．

们当前社会中的一部分，所有成员无法在除了脱离这个社会的方法以外拒绝行使仪式中的规范。二是在特定的思想政治教育仪式中，会产生某种精神上的特权与权威。人们在面对仪式中的“神圣”时，自然而然地认同了这种精神上的优越。所以，无论是在场的器物，或者人，一经成为与“神圣”沟通的媒介，那么拥有某种精神上的特权，这种规定是强制性的。三是仪式本身所转化出来的权力。我们这里说的“强制性”并非“强迫性”，因为在现代社会中，原则上都是“自愿”的。然而这种对于思想政治教育仪式的“自愿参与”并不意味不会对人的行为形成约束，因为思想政治教育仪式会与相关的社会机构相辅相成，形成某种机制或者制度性的东西，这对整个的社会实践都会产生影响，不仅如此，对社会的控制、管理也需要理念上、价值上的约束和引导。

二、其他关于仪式社会控制的理论

“人们组成一个统一的社会，其根据在于他们以共同的或一致的思想方式看待神圣的世界以及与世俗世界的关系，在于他们把共同的观念化作共同的实践活动。”[1] 很明显地，在涂尔干那里，人们聚合成一个整体，这个整体就是社会，社会存在的依据就是仪式，仪式的存在既有共同、一致的思想，又有将它们一致化的形式。涂尔干指明了一个基本事实，就是在社会控制或者社会统一的上，仪式与信仰是共同支撑的两个方面。然而，这种分析过于粗放，特别是在于社会控制上，明显会复杂得多。

格鲁克曼继承了涂尔干的观点，并在社会控制方面有所突破。格鲁克曼是著名“社会冲突”（social conflict）观点的提出者，他认为一个社会的整体化需要政治制度，而政治制度的产生依赖于“社会冲突”，这种冲突

[1] 涂尔干．宗教生活的基本形式［M］//史宗．20 世纪西方宗教人类学文选．金泽，等译．上海：上海三联书店，1995：62.

不会带来分崩离析，恰恰相反，是联合。他在理论中强调“反叛仪式”（rites of rebellion）的重要性，认为这种仪式可以缓解社会中冲突，充当“安全阀”（safety valve）的作用。这种“反叛仪式”的元素在思想政治教育仪式中也尤为重要，因为思想政治教育仪式并不排除利用“暴力”的元素。如果社会一定存在着一些反叛与冲突，那么通过思想政治教育仪式去缓解是最明智的选择。

道格拉斯认为，仪式在社会控制方面的确是十分重要的手段，但是却是有条件的，或者说是受到限制的。具体地说，就是由于社会存在不同阶级、阶层，甚至等级，这些差异会导致他们有各自不同的利益诉求、认同。社会只有存在这种若即若离、相互拉扯的合力，才能产生高度的一致性。

三、思想政治教育仪式中的价值观念

社会成员所具有的价值观念对于思想政治教育仪式的社会控制力有直接的作用，当然，思想政治教育仪式中，价值观念一直是不可或缺的组成部分。一方面，只有在拥有相近的社会价值观念，或可以接受的状况下，成员们才会自愿地聚集在一起形成整体。还需要强调的是，只有符合成员们的价值观念，才使得他们在判断既得利益时，会做出一致的选择。这也就是说，观念一方面，价值对思想政治教育仪式的社会控制力有直接的影响；另一方面，思想政治教育仪式正是调和具有不同价值观念的社会成员，使之能够最大限度符合社会的要求。众所周知，对价值观念的认同最基本的，取决于一些客观因素，如同种语言、同样的地域等。

人的价值、观念就像一只无形的“手”，一直会左右人的行为实施和判断选择。应该说，思想政治教育仪式对社会的控制能力主要是通过这只无形的“手”来实现的。除此之外，在更宽意义上讲，要实现社会的控制还需要一个不可或缺前提的实现，即社会内部对价值体系的认同。这也就是说，如果思想政治教育仪式具有一个社会所不认可的价值观念体系，那么这种仪式便毫无意义，失去了效果。毕竟人们主观上不愿意对一个自己不认同的价值观念，来耗费精神、物力、财力等资源去参与或举行某种仪式。除了某一群体的人们对特定的社会价值体系的确认和认同外，仪式的形式也具有类似于“章程”的权威性质。任何一个仪式之所以能够流传并被特定的人群所接受，“程序公正”也是一个重要的根据。在这里，所谓“程序公正”并不是指法律意义上的公平，而是指思想政治教育仪式中所有的符号象征对每个人都具有同等的意义。它大致有以下几个基本的特点：一是仪式把各种复杂的因素和各类物质符号集中在一起，并重新建造起一个特殊的组织形式，以产生出相应的对社会和各种社会关系的控制；二是仪式中的各种要素，包括那些器具、姿势、形式、时空等已经超出了日常生活中的功能与作用，通过“权威”力量的彰显，而变得不容置疑的超乎寻常；三是反过来，日常生活中的某些符号或价值通过仪式活动的“程序公正”被提升到了一种认知的高度，久而久之，那些特殊符号的认知价值逐渐凝固下来而演变成为人们的观念和习俗。我们可以这样认为，任何事物（包括物质的、精神的）在某一特定的社会中都会自然地嵌入整个社会的认知和价值体系中，并对人们实施控制。

第三节　思想政治教育仪式与社会层次

一、思想政治教育仪式对社会的整合与分化

仪式本身对于社会存在两种力量，一种是整合的力量，另一种则是分化的力量。两种力量的共同作用才使社会得以维持稳定。简单地说，思想

政治教育仪式的社会整合力量，主要表现在其功能上。或者说，任何仪式的功能和目的都是使某些东西变得有秩序，这种秩序是由社会制定出来的，也是由占有主导的利益群体、势力所规定的。这种规定带有某种强制执行的寓意，这里的“秩序”也就意味稳定。在这种秩序下，社会得以被整合。而思想政治教育仪式中的分化力量，则表现为“整合力”所产生的效果上。无论是从正面去看待这种分化力量，还是从负面去看待，它的存在是客观现实的。

例如，一个社会整体中的党派不同，所属的仪式自然不同。在一个仪式场景里，就会出现一种情况，即社会中的一部分是仪式的参与者，而另一部分被仪式拒之门外。打破这种“僵局”的可能性，只存在突破党派之分的本身，而仪式本身对其则并无他法。仪式是具有规定性的，这既是仪式的优势，又可以被视为仪式的短板。仪式在规定上，特别是思想政治教育仪式，不可能抛开阶级的斗争不谈，而聚使所有人在一堂。假如是如此进行下去，在表象上会显现出这样两种状况。第一，在思想政治教育仪式的分化力量下，社会的人员结构将会不断调整，一部分人成为仪式的拥护者，而另一部分人则成为亵渎者；第二，社会内部是一种趋同的态势，仪式的整合力量导致差异的消失。事实上，假设中的这两种情况都不会长时间地存在，更确切地说，即使存在也是暂时性的。

因为思想政治教育仪式的分化力量是基于整合力量而存在，两种力量并不是此消彼长的变化，而是以合力的方式作用于社会整体。社会的平稳并不是一味地风平浪静，而是在变动中保持平稳。思想政治教育仪式作为我国主流意识形态的阵地，其属性和态度是一致的、标准化的，但是并不代表其产生的影响就是单向度的，或者特意去突出某一种可能性，那只是毫无意义的一相情愿罢了。

二、一些关于仪式社会层次的理论

在这里，我们不只是简单地将“社会层次”理解为“社会阶层”，除了在某种社会结构内部对“人”的社会属性进行划分以外，还应当包括不同社会结构间的社会形态、状态的差异所展现的层次感，通常我们是以历史的角度加以考察的。也就是说，社会层次既包括社会结构内的层次划分，同时也包含结构外的不同社会所形成的层次，只不过“社会阶层”的理解似乎更为主观上的直观罢了。

对于仪式在社会层次方面的作为，不同的学者提出了不同的看法。埃德蒙·利奇曾提出一个新的方法来看待仪式行为的持久重复性。他认为，在人类社会还未进化出文字的时候，仪式是一种非常有效的手段，用于社会成员间交流信息。仪式具有极强的象征指示能力，这些见不到文字的信息传播，是仪式行为持久重复性的动因之一。也就是说，对于人类自身生产的问题，很多文化的、经济的、制度的信息无法只靠语言来传播、继承，还需要更多的符号表达参与其中。从现实看来，随着科学技术在人工智能与生物科学上的突破，仪式的这种媒介式应用是有极限的，但在技术上无法替代之前，仪式仍然是关键的手段之一。

大卫·科泽（David Kertzer）指出，在社会中最为重要的是仪式，是政治仪式。虽然现代国家都是建立在制度化的基础上的，但是不同的国家都设有国家元首的存在。如果一个社会的制度化达到完善的程度，那是否还需要国家元首的存在？答案是肯定需要的。国家元首的存在跟社会能否自主运作无直接关系。政治权力永远都是需要通过仪式化方式沟通的，不仅是社会内部，也包括不同社会间的政治博弈。克利福德·格尔兹在描述分析巴厘社会传统政治模式时为这一类型的仪式做了很好的注脚。格尔茨提出“剧场国家”这一概念，旨在阐明一种展示性和表演性的政治关系维度。巴厘的政治，如同其他所有的政治，包括我们自身的政治，是象征的行动，这并不意味它完全是头脑中的或者完全由舞蹈和祈祷所构成。“剧场国家”的戏剧正是其自身的模仿，它最终既不是幻想，也不是谎言，既不是戏法，也不是假装，它们就是它们本身的存在。

三、思想政治教育仪式中角色的设定与社会分层

人们在社会中的角色，往往与在思想政治教育仪式中的角色设定是不同的，两者之间被区分开来，同时又是相互联系、相互影响的。原因很简单，因为人们在社会中的角色定位是由多种社会因素与作用共同形成的结果，而思想政治教育仪式只是其中的一种罢了。在社会内部，人扮演的角色也并非是一成不变的，相反，在许多特殊的状况下，会发生巨大的转变，这些复杂的角色设定构成了整个社会关系的复杂体现。

无论是大型或者重要的仪式事件，还是细化至人们日常生活中的行为，仪式感的角色带入都是十分鲜明的。任何社会规则所属的人群和亲属关系，都会在社会规范中明确自身的角色定位。此类重大的、带有“通过”礼仪的仪式很容易得到人们的社会化认可。事实上，即使是那些在生活中并不属于非常重大的活动，如打招呼和道别一类的行为同样也具有非常细致的社会印记。一方面，它们昭示出不同的社会之间的文化差异；另一方面，也折射出一个社会个体与群体之间的社会关系及相关的社会形态。例如，在英语社会里面，“How do you do”与“Hello”的社会确认范围和关系有明显的差异。当置身于一个正式的社会场合或者撞见一个必须以正式的方式打招呼的时候，个人的行为是受到相对严格的社会规则制约的。在这种情况下，任何个性化的放任都只会是把自己置于一个非常不利的社会情境或非常尴尬的现实场景之中。所以，无论是作为一项重要的理性原则，还是从一个适合的生存策略来考量，人们都不会轻易把自己放置

在那样一个不利的“窘境”之中的。从这个意义上看，一个日常生活中的简单问候或者道别都带有仪式性的印记。

在思想政治教育仪式内，“角色”至少会具有两种，一种是较为普通、多数的“参与者”；另一种则是仪式中特殊意义较为凸显的“主持者”。仪式的本意不在于将参与仪式中的人们区分开，但是基于仪式自身结构性的设定，会对这两种基本“角色”有特殊的要求：对于仪式的“参与者”而言，他们的特殊之处就在于除仪式中的特殊的含义表达以外，所有的参与者都是平等的关系，也就是说，参与者在仪式外的身份、地位及所享有的社会特权，都将淹没在仪式中，取而代之的是参与者共同面对“神圣”时的平等对待。

思想政治教育仪式如同其他任何的仪式一样，都是具有具体的形式、程序设定的，这些程序的、形式的结构组成本身并不带有主观能动性，所以仪式结构性要求由具体的人来扮演引领仪式过程的角色，就是“主持者”。思想政治教育仪式的主持者，凭借“国家符号”象征的权威性、法律或者制度上所赋予的权力去实现整个仪式活动。在这样的仪式中，“主持者”成为整个仪式活动的核心人物，成为这个场域下执掌权力的一方。由此才产生了社会内，仪式里外之间，人角色设定的差异性。“主持者”所享有的特殊权力和“待遇”，是暂时性只存在仪式内的，而在仪式外，他们无异于他人。所以，思想政治教育仪式中的主持者也只有在特殊的仪式场合、时段才显现其“闪耀”的一面。

没有一个仪式场合或词语能够把所有群体归集到一个单线性的阶层组织下，思想政治教育仪式亦是如此。相反，有限几个相对独立的批判标准来决定各社会群体在阶层组织中的位置。从一定程度的意义上讲，思想政治教育仪式可以扮演独特的划分不同社会层次的“分水岭”作用。而这种划分社会层次的特殊性，是由具体的思想政治教育仪式中所传达、表达的价值、观念所决定的。

第五章　当前思想政治教育仪式中的困境及反思

第一节　当前思想政治教育仪式中的困境

一、仪式与形式的无谓之争

“形式”一词是被广泛使用的概念，但很少有哪一个概念能像“形式”一词具有这样大的模糊性。在思想政治教育领域，由于现实生活的丰富性，更由于信息时代带来的复杂性与多元化，使得“形式”具有前所未有的时代特征，以及前所未有的表现形式，由此也带来与仪式的复杂相关性。

（一）仪式与形式的密不可分性

从发生学视角看，早在古希腊罗马时代，关于“形式”就在发展中产生出几种不同含义：以毕达哥拉斯学派提出自然美学意义上的“数理形式”，柏拉图提出作为精神范型的先验“理式”（form），亚里士多德提出与“质料”相对应的“形式”，而到了罗马时代，才出现与“内容”相对而言的“形式”。所以，哲学意义上的“形式”，既可以用来指事物的感性形状，即通常意义上的形式或“外形式”，也可以非指自然物体的形式或外在形状（态），而是用来指观念形态的形式或宇宙万物之间必然的内在联系，这样就使“形式”具有了“范型”“范式”“共相”“深度模式”“先验图式”等非常丰富的含义，我们可以将其称为“内形式”。从一般哲学意义上讲，内容是事物存在的基础，表现为事物内在诸要素的总和。我们所说的形式则是事物内在要素的结构或表现方式，是内容的存在方式、结构和组织，也可以是内容的表达和强化，对人们观念的形成发挥重要作用。然而，形式在现实中，绝不仅仅是“内容的表现方式”，因为人的主观能动性，使得形式成为实现人的意志的渠道和载体；没有形式作为表达方式，内容自身是无法表达的。而同一种内容，由于时空条件的不同，又产生多样的表达形式；同样道理，同一种形式，在不同时空条件下，可以体现不同内容，因此形式与内容，可以作为一定内容的形式，又可以成为另一形式的内容。内容和形式是辩证统一的，没有无形式的内容，也没有无内容的形式。当历史发展，特定社会需求，在内容发展的同时，必须有新的形式能够与之相适应。仪式是形式的一种，仪式对人们的观念和情感形成起着非常重要的作用。表现在现实生活的方方面面，形式是无所不在的，既定的内容如果想要得到有效表达，只有通过某种特定形式，才能得以真正实现。在此意义上的“形式主义”是不可或缺的。

（二）仪式是一种必要的“形式”

仪式虽是一种“形式”，但又与一般的“形式”不同。仪式是对某一事物的一种记录和纪念，象征人们对它的重视，并受其深远影响、受其洗礼与熏陶。很多事情都有烦琐的形式，但有些却是不可或缺的具有仪式感的必要形式。仪式讲究的是仪式感，具象对人的大部分的观念形成起关键作用，较之抽象对人的影响更大，因为人的最初始和最常用的思维与反应方式主要是具象的。现实中有些事情的内容本身就是形式，如“礼”本就是一种形式。“礼乐”看起来是一种形式，然而其影响是远远超过儒家伦理内容的，在历史上经常可以看到这样一种情形，一个并不能熟读《论语》等儒家经典的文盲，但却不可不知礼节。“礼乐”不仅是为了规范人的行为，更是对人的文化认同、观念和情感形成等起着重要作用。我国是一个礼仪之邦的大国，无时无刻存在礼仪之规，也恰恰是这些礼仪才能约束人们的行为，导引人类的思想，宗教仪式其实正是人类生命不断演化的形式本质。

（三）仪式是一种具有特殊意义的形式

仪式是从一定文化背景、传统习惯发展起来的、形式化了的行为表演，它在我们的生活中具有非常重要的作用。仪式操作表现为复制一系列程序、结构固定不变的动作，以便能够再唤起和创造出某种特定的情感。日常生活的仪式是人们习以为常、不以为意的生活内容的组成部分，我们有时是通过举行仪式告知大众，有时是通过举行仪式获得某种利益。仪式的举行被赋予特殊意义，可以把仪式认为是一种典礼的秩序形式，是一项具有特殊浓厚意义的活动，常常是在一些特殊场合或重大场合才被举行。仪式的举行容易促成信仰的产生，而信仰的形成是构建和谐社会的基石。思想政治教育仪式兼有形式（物质承担）与理念（象征意义）两翼，也可以说，这两个方面对于仪式的构成都是不可或缺的。然而在现实情况中，似乎仪式只是流于形式的现象。其实更准确地说，应该是存在两种可能性：一是仪式的形式相对其象征意义的指代而过度了；二是这种思想政治教育仪式中不存在象征意义的东西，故失去了意义而只剩下形式的东西。我们会发现，无论是哪一种可能性的原因所导致的这种现象的发生，其实质上都没有“形式”的“过错”，也就是说，仪式与形式的争论都是无谓的。另外，可以通过这些仪式的“形式”帮助我们探究这种现象产生的原因。

（四）仪式不是粗俗的“形式主义”

现实生活中，形式主义不是一个褒义词，它指的是一种不良的思想方法和工作作风，它把形式的作用夸大到不切实际的程度，其结果往往是形式阻碍实际工作的开展。简单地理解，形式主义（formalism）就是相对于内容而更注重形式本身。近年来，各种“现代化”扫墓方式的出现，表明清明节的祭祖传统文化，正在变成一种形式，无论是网络祭奠，还是请人代扫墓，都是把中华民族纪念祖先的优秀传统文化当成一种“空对空”的形式。然而，以上传统文化与仪式不是一般的形式，更不可搞成形式主义。人们因为生活的脚步匆匆忙忙，似乎顾不上思考仪式背后的文化价值与生活意义，甚至有的年轻人可能把这种仪式的变迁，理解为跟上时代发展的表现。在涉及仪式内核的价值与意义上，无限简化清明祭祖仪式，必然会消解这种传统文化。我们举行仪式的目的，就是要让人们体会仪式承载的特定文化价值与人生意义，由此形式的展开，内化价值意义于人的内心。因此，仪式举行的形式规则，要想不流于形式，必须强调由专门的人去习得与掌握，演绎与传承仪式所具有的内涵与意义。

二、仪式符号的缺失：无米之炊

从思想政治教育仪式符号的运行过程看，尤其是按照思想政治教育仪式符号的历时性和共时性特点来分析，存在明显的缺失问题。

（一）仪式的功能是通过符号得以实现的

符号是携带作用的感知，在特纳那里，符号是仪式的最小单位，无法想象一个缺少基本单位而能够存在的事物，就如没有细胞何谈人体一样。

仪式中充满象征符号，是与象征的机能紧密地联系在一起的，也正是通过这些象征性符号的聚合来表达其意义的。特纳认为，象征符号是仪式的最基本的构成单位，是社会发展、运转的动力机制。特纳曾经做过这样的论述："象征符号具有'两极性'功能，一端浓缩该社会的意识形态，另一端则刺激人们的感观，具有挑起人们情绪的效力。"❶ 在仪式中，一个简单的象征符号就能够表示许多事物和行动，是有多重意义价值的整合与浓缩。涂尔干也认为："应当学会透过象征符号来看该象征符号所表征并赋予该象征符号意义的现实。"❷ 从以上论述可以看出，我们所讲的仪式的表达，只有通过象征符号的展现才能得以实现。

仪式是通过对象征符号的运用，使参与者在不断接触象征符号的过程中，逐步形成对象征符号和隐藏在仪式背后意义的一种理解，达到教化目的。学校仪式是由一定的象征符号和象征方式有机组织起来的整体，是通过各种符号来进行动员、表演和言说的，并由许许多多的"符号"编织而成的，是由学校活动、对象、场景等构造出来的，通过某种特指意义的仪式情境来表现其意义的。但从实际情况来看，很多学校不是很重视仪式场地的选择，显得比较随意，在这样一个较为随意的空间里，很容易冲淡学校仪式应有的氛围。

（二）仪式符号具有历时性和共时性

思想政治教育仪式有一套完整的符号系统，思想政治教育仪式因为历时性和共时性的使用，而使其具有理据性，并在思想政治秩序的巩固中被神圣化。共时性是仪式符号空间的展开，是同时要素间的关系。仪式作为一个符号系统，其系统内部各要素之间的关系，是相互联系和同时存在

---

❶ 彭兆荣．人类学仪式的理论与实践［M］．北京：民族出版社，2006：202．

❷ 王建民．维克多·特纳与象征符号和仪式过程研究——写在《象征之林》中文版出版之际［J］．中南民族大学学报（人文社会科学版），2007（2）．

的，作为符号系统的仪式就应当是共时性的。仪式符号是一个复杂的统一整体，其中任何一个组成部分的性质，都不可能被孤立地理解，当我们把它放在一个整体的关系网络中时，才能够理解。历时性是仪式符号时间上的展开，经过历时性发展。思想政治教育仪式中，“新旧”思想政治教育仪式符号并存、转化。符号的象征意义具有“能指”和“所指”两个方面的指向。符号的“能指”是仪式的可感知部分，思想政治教育仪式符号的“能指”，包括声音、形象等一系列仪式程序。大部分科学的、理性的、实用的符号都是其所指。思想政治教育仪式符号的历时性的使用，使思想政治教育仪式从传统中获得理据性，共时性的使用，使思想政治教育仪式具有普适性，并获得其普遍理据性。历时和共时交汇的思想政治教育仪式符号文本有相对稳定的结构和规则，是有效的思想政治传播手段和权力维护手段。

（三）仪式符号缺失的严重性

从学理上看，思想政治教育仪式的参与者在仪式过程中，仪式的象征符号充斥整个形式、程序的过程，通过解码与理解，成为参与者自身的感知、认知。从现实情况看，理论与实际有相当远的距离。在“2011 年的时候，《中国青年报》社会调查中心，曾经通过民意中国网和搜狐网进行过一项调查，通过对 2440 人关于仪式的在线调查结果显示，有 69.3% 的人认为目前仪式作秀成分多、铺张浪费；有 68.3% 的人认为仪式是形式主义、走过场；有 67.7% 的人感觉秉承传统文化内涵的仪式太少；有 52.4% 的人表示当下的仪式教育符号缺失，很多人并不了解仪式内涵。”[1]

以学位服为例来说明符号缺失的现象。学位服是学生在校生活中一个非常重要的仪式符号，是学生走出学校前的“通过仪式”中的重要元素，

[1] 王聪聪．82.8% 的人希望强化中国人自己的仪式［N］．中国青年报，2011－04－21（7）．

即象征具有走出学校阶段培养的资格、能力。而在实际中，学位服的象征意义发生了扭曲，表现为更偏向其“能指”的趋向，许多学生只是将学位服视为一种特殊的服饰穿戴来理解，学位服对于学生最重要的时刻成了自拍快门闪动的瞬间，全然失去了毕业仪式上的身份转换意义。学位服作为一个神圣的象征符号，一旦离开了特定的仪式空间，则黯然失色。支撑仪式之核心价值的丧失，造成本应该载“道”的仪式只能处于无根状态，从而展现纷繁芜杂的样态。毋庸讳言，目前我们的学校教育系统普遍存在“美丽”的形式化“外衣”、枯燥的形式化“内涵”，学校仪式“工具化”使得教育主体产生的异化或物化。在学校仪式中学生主体的失位，是最为可怕的问题。

三、当前思想政治教育仪式中传统文化的消解：无根之草

传统文化表现为一种价值取向，应当是能够肇始于过去融透于现在直达未来的一种意识趋势和存在。习近平总书记在多次讲话中强调我国优秀的传统文化的重要性和优越性，他指出：“中华文化源远流长，积淀着中华民族最深层的精神追求，代表着中华民族独特的精神标识，为中华民族生生不息、发展壮大提供了丰厚滋养。中华传统美德是中华文化精髓，蕴含着丰富的思想道德资源。不忘本来才能开辟未来，善于继承才能更好创新。”[1] 这说明在当前思想政治教育领域内，我国传统文化的价值必须得以体现与实现。被我们称为传统文化的东西，一定是在社会机体组织及人的心理—生理结构中，具有生命力和潜在影响力的东西。但是，当前的思想政治教育中的传统文化元素甚少，这不仅需要大胆地尝试、细致地甄别，

[1] 习近平. 2014 年 2 月 24 日在中共中央政治局第十三次集体学习时的讲话.

还需要民族、文化自信力。任何民族脱离其传统文化的孕养，则成了无根之草，没有土壤何来收获。

（一）仪式是传承我国优秀传统文化的关键载体

一般说来，传统文化侧重强调文化的历史厚重感、延续性，观念道德的规范性，以及民族、地域的特点与个性。在今天，出现了一个我们必须高度重视的现实问题，那就是传统文化的历史厚重感、道德规范性和民族个性正在慢慢丧失，传统的工艺、艺术、知识、礼仪得不到有效传承，信仰与习俗被无情地抛弃在一边，而道德与法律也在一定程度上失去了应有的规范力量。现实中存在许多缺乏教养、与“礼仪”相悖的现象，这就引出一个非常值得深入思考的问题，即在迈向现代化的进程中，时代性与民族性之间的关系应该如何定位？我们应该在多大程度上保留我们的传统文化与民族特色？通过何种形式来做到这些？在对青年人的教育方面，我们至今缺乏全国统一法定的成人节等此类现象，我们称为一种“文化消解”现象。

当前，人们对教育中传统文化的呈现与传承现状普遍担忧，仅靠知识的传授难以使学生理解、认同与传承传统文化，而特定的仪式是一种能使学生身处其中的文化，可以有效促进学生对传统的文化理解与文化建构❶。而这种仪式文化，也在实际操作中出现窘态。我国是传承中华民族优秀传统文化的礼仪之邦。近年来，有学者提出要“重建礼仪之邦”，说明问题的严重性。我们要像习近平总书记所要求的那样，“扶正祛邪”，开掘中国传统礼文化的资源。在仪式研究中一些很重要的命题，如传统的创造性转化和创造性利用要进一步深化。应当承认，信息时代的到来，使得传统文化依以寄托的根据消失不见了，但优秀的文化传统依然是我们精神生活的

---

❶ 马家安．仪式在学校教育中的价值及其实现［J］．教育科学研究，2013（2）．

存在形式，并且以仪式化生存的方式而显现。

（二）仪式在传统文化与大众文化异质性同构中生存

象征中的仪式：“它由一系列模式和序列化的言语和行为组成，往往是借助多重媒介表现出来的，其内容和排列特征在不同程度上表现出礼仪性的（习俗），具有立体的特性（刚性）、凝聚的（熔和）和累赘的（重复）特征。”❶ 在大众文化冲击之下，我们经常可以看到的传统文化的礼仪失效，文化间的异质性成为我们必须面对的重大现实问题。传统文化追求的是人文精神与终极价值，特别是伦理的规范性和主体价值的创造与实现，现代大众传播媒介把幻想与快感带进生活，但在商业利益的驱动下，使得文化日趋浅薄与粗鄙，再也难以为人们提供超越现实的价值意义。同时，以大众传播媒介为载体的大众文化内容的娱乐性、庸俗性和空幻性，失去文化的聚合力，直接使得传统文化趋于消散，其所倡导的价值观念被世人遗忘。在现代化的今天，大众文化已然成为现代社会最重要的文化修辞。文化有两个必备要素，一是传统；二是思考。追求文字本真内涵的深刻性是传统文化的体现，文字不但是文化的基本载体，能够使之得以在现实中存续，而且文字本身是一种传统文化，是各民族历史的沉淀。文字的阅读，使人们得以进入传统，文字作为抽象的符号，也迫使人们在阅读过程中不断进行思考，思考在无形中增强了承载在文字内的传统文化的活力，使之能够得到确切的理解与贯彻，而不是仅仅停留在表层。各种文化的转换与斗争，就诚如文化互动转型论的提出者所说的那样：“在整个人类历史上，随着人们需要的变化，传统的行为和态度不断在被取代或改变着。正如没有哪个人永远不死，也没有哪种文化模式永远不变。”❷ 在大众

❶ 鲍伊．宗教人类学［M］．金泽，何其敏，译．北京：中国人民大学出版社，2004：178．
❷ 王晓朝．文化互动转型论：新世纪文化研究前瞻［J］．浙江社会科学，1999（3）．

文化已经成为现代社会文化中最重要内容的背景之下，需要更加注重传统文化的仪式化存在方式，我们国家传统文化的传承也需要更加注重借助仪式的活动，传统文化与电视媒体的互动便是在媒介仪式范式下进行的。在现代社会符号系统中，传统文化在这样一种生态状态下仪式化生存，可以使整个传统文化更多地以精神形式作用于现代社会。

（三）仪式在传统文化展现中呈现新的形态

仪式是一种充满文化意义的人类创造和实践活动，其群体性应当是仪式活动的本质属性，从仪式发生学来看，仪式是一种群体性形式，重在传达、共享。仪式文化可以形成群体结构、强化群体情感、升华群体道德、规范群体行为。仪式只有通过群体才能发挥效用，而群体也需要在仪式中产生作用，它们之间是一个相互依赖、双向互动的关系。人类学家玛丽·道格拉斯认为，“只要存在集体生活”，就必然存在着“产生和复制社会关系的作用”的仪式❶。在传统文化的具体形态中存在大量的仪式，如我们所熟悉的宗教祭祀、家族祭祀、民间祭祀等。通过不断强化仪式而产生积极认知心理，如果有了仪式感，人们或许就会更多地考虑个体在社会中的地位和作用，就会更有责任感和更平和的心态，社会也就更趋于稳定。例如，儒家认为，礼仪必须根据人的“真性情”来制定，这样才能使个人的行为举止自觉地合乎规范。在众多的传统仪式性文化形态中，首推我们尤为熟悉的戏剧，而“戏剧本身就是一种社会语言范畴内的‘通过仪式’，即通过一系列的动作、语言、器具等的结合完成一个形式上的仪礼性过渡，这种过渡可以达到作为‘戏剧效果’所要达到的引起‘恐惧和怜悯’，并且起到‘净化情感’的作用，也可以事实上完成人物”❷。

---

❶ 范志忠. 作为仪式的戏剧表演［J］. 艺术百家，1999（8）.

❷ 彭兆荣. 论戏剧与仪式的缘生形态［J］. 民族艺术，2002（6）.

四、“压倒仪式的最后一根稻草”：信仰与利益之争

在现代社会中，随着现代化进程的推进，市场经济如秋风扫落叶般涤荡各个领域，仪式已超出某种人们习惯的领域，成为跨学科、跨领域的复杂事物，在信仰与利益的斗争中，甚至已经产生“信仰”与经济的合体——“仪式经济”现象。

（一）思想政治教育仪式中的经济“混搭”

“仪式经济”的复兴与扩张包括神灵崇拜、修建庙宇、生命周期家庭仪式、传统农历节日、社区宗教游行活动、佛教道教仪式、基督教教会、祖先祭奠、由宗教激发的为社区项目和慈善事业筹款活动、占卜和风水。受过高等教育的精英阶层和政府官员一向认为所有这些仪式花费都是“封建迷信”“毫无用处”“浪费”。但是，这些仪式花费在抗衡温州经济造成的个人财富积累，促进财富再分配和社区建设上起到了至关重要的作用。而且，温州的仪式经济体现了乔治·巴塔耶所谓的追求“自主存在”的自由和权利，也就是通过直接接近神圣的世界，来超越人世的羁绊。温州的家庭企业经济发展策略多样，如促进家庭企业发展的礼仪策略，许多家庭财富花在礼仪活动中，因为他们认为：“家庭认同、记忆和团结的礼仪表演，在公司自我构建和维系上，与家庭公司经济的发展同样重要。”[1] 借用乔治·巴塔耶的“自主存在”概念来理解当代中国的温州模式，可以看到现代社会背景下，人们所追求的是一种“自主存在”和可以分享的对自主存在的超越。现代性中以牺牲“非生产性”的代价积极地扩大生产性力量，是对人性和精神存在的背离。温州仪式经济的意义就在于其所发展的

[1] 杨美惠．“温州模式”中的礼仪经济［J］．学海，2009（3）．

生产性力量与“非生产性”的结合，其中，“非生产性”的保留造就温州经济和社会发展的成功。由此提出一个重要问题，仪式在重塑信仰中，是否应该、到底应该借助何种形式和力量？这给予我们的思想政治教育以深思与挖掘的启示。

（二）思想政治教育仪式与“宗教”的较量

仪式作为人类社会实践活动所产生的社会价值，在经济社会中可以被财富产出所衡量，随之而来的问题是思想政治教育仪式变得也需要考虑生计问题。固然，国家主体作为思想政治教育仪式最大的资助者，是对其最有力的保障，但国家财政的透明程度不足以评析这种资助的可靠程度，关键还在于“自力更生”。从另一个角度来看，在市场化为主要因素的作用下，仪式之于传统中的理解被弱化，甚至消亡，伴随而来的是世俗世界中利益价值至上。然而，仪式天生具备宗教的品质，“仪式得以存在的原初根据，就在于它能够赋予人们宗教品质”❶。虽然日趋世俗化的仪式仍然暗含着宗教的品质，但我们应该看到，仪式与信仰在影响人们思想意识的社会现象中展现的是，人的行为与意识上的统一关系。思想政治教育仪式，在政治上说，要剔除宗教性质和神秘形式，彰显共产主义、中国特色社会主义理想信念的力量。在人们日常生活上，要提高人文素养、精神追求、道德情操及理想境界。改革开放以来，随着我国经济体制的转型，人们的思想、文化等各方面受到巨大的冲击。一些人出现逐步丧失信仰之道的情形，以及信仰缺失产业的利益博弈，给中国社会造成严重的不良后果。在传统社会中，“君子爱财，取之有道”，有德性的生活要遵循“义”对“利”的克制；在现代社会中，西方国家主张和追求现代性，从人的自身出发的相对利益占据绝大部分人对于价值、利益的理解，并对日常生活具

---

❶ 涂尔干. 宗教生活的基本形式［M］. 渠东，等译. 上海：上海人民出版社，1999：541.

体利益追求扩大化，造成整体社会的人性沦落、超善没落。而这样的阶段性过程，如果不注重应对的话，我们传统文化中的优秀成分、更加高级的人与社会的追求目标都将毁于一旦。

第二节　反思：当前思想政治教育仪式的实现

思想政治教育作为一种育人活动，也是开展中国革命、建设和改革开放伟大实践的历史教育活动。因此，加强思想政治教育人才培养载体的建设也是题中之义，“思想政治教育学科专业建设也为文化传承创新做出独特贡献”[1]。思想政治教育仪式，在根本上说，反映的是一种社会关系，它既要符合社会发展的需求，又必须满足主流意识形态的功能，其核心是必当先符合人的利益诉求。如何实现它呢？我们在吸取过去的经验和教训的基础上，可以从以下方面做出思考。

一、抓住根本：以人民利益为中心是思想政治教育仪式的特质

作为人的利益诉求，物质生产和精神生产处在同等重要的位置，二者在财富生产中可以明显被区分开来，但并不表示是非此即彼的两个选项。一般来说，无论是物质生产和精神生产及其产品，在“为了谁”的问题上，思想政治教育仪式的出发点与落脚点，始终站在维护统治阶级根本利益上。在社会主义国家，就是维护最广大人民群众的利益，这是我们的思想政治教育仪式与其他任何仪式的根本区别。

---

[1] 张耀灿．思想政治教育专业创建30年的回顾与前瞻［J］．中国高等教育，2014（11）．

（一）利益的本质是社会关系的体现

利益是一个典型的关系范畴，在本质上属于社会关系范畴。马克思主义认为，人们奋斗所争取的一切，都是同他们的利益有关的。“凡是有某种关系存在的地方，这种关系都是为我而存在的”❶。需要是利益的前提条件。我们所讲的需要，指的是人们对外界事物与现象的依赖关系，是人们在一定的情景下，对客观事物产生的匮乏感，从而要求得到满足的社会心理反应。需要有其客观性和社会性。需要的客观性是指它不是一种主观的产物，而是客观世界和客观过程引起的一种必然产物，它是整个世界中，人类对自然界及人类社会内部个体对群体和对人类社会自身生产物的一种必然的依赖性。需要的社会性是指，人的需要是在社会实践的过程中形成的，是随着人的社会实践的发展而发展，不仅人的需要的产生和发展是社会性的，而且人的需要的满足也同样是社会性的。追求利益的倾向是人类生存和发展的过程中产生的需要与满足这一矛盾在意识上的反映，它是人类生存与发展的最根本的问题，是人类一切行动的出发点与驱动力，而且“每一个社会的经济关系首先是作为利益表现出来的”❷。正是由于物质利益，才引发人们进行各种社会活动，推动人们进行生产斗争、政治斗争，推动整个民族的生活。

事实上，任何人类的创造活动都不可能只限定于某一方面的生产，思想政治教育仪式也是如此，只不过在精神生产的层面会更直观一些。那么，是否说思想政治教育仪式的物质财富生产很难体现出来？答案当然是否定的，文化产品的商业价值已经在各个领域凸显出来，这种不消耗资源

---

❶ 中共中央马克思恩格斯列宁斯大林著作编译局. 马克思恩格斯选集：一卷［M］. 北京：人民出版社，1995：81.

❷ 中共中央马克思恩格斯列宁斯大林著作编译局. 马克思恩格斯选集：二卷［M］. 北京：人民出版社，1995：537.

而创造经济效益的方式在全球的效果都是显著的；毫无疑问，思想政治教育仪式对维持社会稳定的作用是十分重要的，它能够直接性地降低社会管理的成本，等于说间接地创造物质财富的积累。不仅如此，思想政治教育仪式在帮助人们树立正确世界观、人生观和价值观，提升政治理论认识和培养科学思维方式方面肩负重任，同时也负有文化传承创新转化的历史使命，而其最终诉求始终与人的根本利益是统一的，即人的自我实现。这个“人”应该是大写的人。

（二）国家机器是思想政治教育仪式的最高表现形态

进一步探讨思想政治教育仪式产生的社会历史条件和客观动因可以发现，它们都离不开人与人之间的利益纠葛。人类社会初期，人们为生存的所有集体行动，往往也要进行思想发动、政治动员，由于语言沟通的困难，就需要借助某种仪式。这就萌芽、蕴含了思想政治教育仪式的原始形态。随着社会文明的进化，人的利益矛盾激化到不可调和，“就从社会中产生但又自居于社会之上并且日益同社会相异化的力量，就是国家”[1]。原始的思想政治教育仪式由此被打上阶级的烙印，进入为统治阶级利益服务的进程之中，思想政治教育仪式不断得以丰富和完善。甚至可以认为，国家机器是思想政治教育仪式的最强大的载体和运行机制。国家进行政治统治的同时，必须运用它进行思想统治，统治力量的实现，总是离不开一定的思想政治教育仪式。在仪式这种思想政治统治方式中，统治阶级构造出一套社会意识形态，来为自己的利益提供其合法性论证和辩护，从而能够“调节着自己时代的思想的生产和分配”[2]。由此，自从阶级社会产生以来，

---

[1] 中共中央马克思恩格斯列宁斯大林著作编译局．马克思恩格斯选集：四卷［M］．北京：人民出版社，1995：189.

[2] 中共中央马克思恩格斯列宁斯大林著作编译局．马克思恩格斯选集：一卷［M］．北京：人民出版社，1995：551.

思想政治教育存在的必然性，都是为统治阶级的地位合法性服务的。各个阶级思想政治教育理论都反映了本阶级的根本利益和要求，都具有明显的阶级性特征。从本质上讲，思想政治教育是为统治阶级服务的，传播统治阶级的意识形态就成为思想政治教育义不容辞的责任，鲜明的阶级性是思想政治教育的本质属性。

（三）社会实践目的是构成思想政治教育仪式的深层根源

从某种意义上讲，人类之于世界的意义在于改造世界，而改造世界来源于人具体、客观的实践。人的社会实践包含三重关系：人与自然的关系、人与人的关系、人与其意识的关系，与此相应的是社会生活的物质生活、政治生活和精神生活三大领域。思想政治教育仪式作为一种社会实践活动，在各个领域中必须处理好实践主体间的关系，具体说是主体思想和行为的关系。人的实践活动是一种价值创造活动，在这种活动中，价值评价具有判断、预测和选择的作用，在本质上这是个实践问题，价值取向体现实践主客体关系，说到底，就是一个“为了谁、依靠谁”的问题。在统治阶级运用服务于阶级利益的意识形态对社会成员施加影响的过程中，就孕育产生了思想政治教仪式，反过来，思想政治教育仪式的实践活动也成为实现和维护统治阶级利益的必然方式。也正是为了阶级利益的实现，才进行思想政治教育仪式活动。因此，应该自觉地意识到，我们的思想政治教育仪式，不仅要弘扬主流文化，发挥主流文化的主阵地和主渠道作用，也要对亚文化起到引领作用。我国社会的主流文化是以马克思主义为思想指导，以社会主义核心价值观为价值导向，吸收和借鉴人类一切优秀文化成果的中国特色社会主义先进文化，代表的是大多数人民群众的根本利益和长远利益。社会主义先进文化为思想政治教育仪式提供重要内容，也对教育工作的开展、仪式的进行提出要求。思想政治教育仪式是在倡导主流文化的过程中，创新形式，丰富内容，强化马克思主义的主导地位，使主流文化旗帜鲜明地成为人们的主流意识，进而影响人们的行为，激励和鼓舞人们为实现中华民族伟大复兴而努力奋斗。

二、创新方式：象征符号是思想政治教育仪式认同与构建的形式

（一）象征符号：仪式表现形式的意义

思想政治教育仪式的象征符号，是为人们生活树立“范式”“标本”或“样板”。五彩缤纷的象征符号，用感性手段作为意义符号的象征体系，都在以不同方式向人们说明着、暗示着，由此营造一个充满意义的世界。政治象征是最具典型意义的象征，也是具有政治意义的符号，同时也包括仪式行为与话语体系，它们共同构成政治意义、价值观念与社会情感的表现形式。应该看到，“国家在场”是教育仪式的本质要素，国旗、伟人、国歌等昭示国家力量的在场，仪式具有的神秘感、神圣气氛，都赋予了仪式丰富的活力。因此，仪式“不再是一种受到礼仪影响的外在存在；恰恰是在礼仪之中，精神得以生动表现并获得它的最大灵性”[1]。有人把学校的校长比喻为“行走的符号”，很有创意。因为一个人的理念、价值观都会通过他的言行举止传递出来。学校校长的关注点、工作重心、作息时间甚至他的兴趣爱好、生活方式、社交活动等都透露出他的教育理念、办学思想。教师、学生、家长、未来的家长、社会各界等都十分关注校长的举手投足、一言一行。校长通过自己的行动，言传身教，潜移默化，产生教育作用。

---

[1] 芬格莱特．孔子即凡而圣［M］．彭国翔，张华，译．南京：江苏人民出版社，2006：13.

（二）体验式理解：仪式象征符号的生动形象

思想政治教育仪式空间的存在感，有赖于仪式参与者对仪式的感受与体悟。这种感受与体悟，往往需要借助象征符号来获得。“仪式所具有的内在的模糊性和诗性化意义远比浮现在外面的语言交流更为重要，就像在语言学中的语法对语言范式的重要性超过表面上句法的重要性一样。”[1] 所以，只有构建一种情境，能够让人们身体的感官全部投入其中，仪式的功能才能得以实现。特纳的一个观点认为，仪式中的“情景回放”是仪式实现的关键，因为“礼并不是靠一个外在的权力来推行的，而是从教化中养成个人的敬畏之感，使人服膺，人服礼是主动的”。[2] 这就是文化“化”的过程，仪式构造并实践了这个过程的情景。文化的“化”不是自然产生的，因为有人的作用，就发展出来符号系统，文化的符号系统是由符号的外在载体、内在意义、运行过程和媒介传播等多层次所构成的，实际上这是人类生活方式的集中体现。当人们去理解一种文化时，其实难免要从其符号系统入手。仪式的象征符号有物质形态，也有非物质形态。从传播视角看，仪式中可视、可感因素或现场情形，仪式的地点、事件、程序、人物、器具及地方知识等往往成为仪式被认可的首要依据。这些物质进入仪式的程序之后，便被赋予日常形式和物品所没有的属性与意义。例如，升旗仪式中的“五星”与红旗及程序，都被赋予新的含义，激励和调动人们丰富的想象力，激发人们的革命热情与理想情怀。可见，思想政治教育仪式目的是通过象征意义来实现的。因此，如何诠释、如何发挥、如何呈现，在时间、空间与人群的统筹上应该注意什么，这些都是我们进行思想政治教育仪式设计时应该着意的。例如，在全国建立的党性教育实践基地

---

[1] 彭兆荣. 人类学仪式的理论与实践［M］. 北京：民族出版社，2006：135.

[2] 费孝通. 乡土中国［M］. 北京：生活·读书·新知三联书店，1985：25.

的教育仪式中，通过一个个人物事迹、历史物件、解说等象征符号呈现效果，达到教育目的。传递的精神必定要蕴藏在仪式符号的深刻意义之中，否则就难以完成仪式的使命。

三、方法：寓文化教育于情感教育之中

众所周知，我国的思想政治教育的方式、方法为大众所诟病，缺乏基本的灵活性是最大问题。在形式呈现方面，我们应该借鉴国外先进的教育方法，设置情景，寓教于乐，融入生活，提高素质与行动能力，都是很好的发展方向。教育者要树立“大政工”观念，调动一切因素与手段，动员家庭、学校、社会团体、大众传媒，营造全社会来做思想政治工作的氛围，寓文化教育于情感教育之中，使人们在良好氛围中经受精神洗礼、提高思想境界。

（一）思想政治教育是一种“以文化人”的文化教育过程

思想政治教育与文化教育源远流长。几千年来中华优秀文化的传承，为思想政治教育仪式拓展的广度和深度提供了现实可能，为思想政治教育内容不断注入新鲜血液和源头活水，是思想政治教育仪式创新发展的不竭力量。而思想政治教育，在文化传承创新中，又搭建起各种高效传播载体，以丰富多样的形式，反映思想政治教育的本质要求，体现时代的呼唤。通过不断的、丰富多彩的形式和实践过程，思想政治教育活动完成的实质上是一种文化创新和仪式体现。思想政治教育仪式作为一项创新工程，在具体的思想政治教育过程中，往往需要更加新颖的教育目标，需要更多具有新意和特色的教育内容，更加科学精当、富有创意的教育方法，传递思想政治教育承载的文化内涵，并最终内化为受教育者的思想意识和自觉行为。因此，思想政治教育实践活动的实施过程，要树立“面向现代

化、面向世界、面向未来”的新时代理念，积极主动地学习人类创造的一切优秀文化成果，汲取其有益成分，丰富思想政治教育的内容和方法，不断更新文化的内涵，肩负起传播中国优秀传统文化的使命，要善于挖掘中国传统文化的精髓和符合时代要求的思想内涵，使思想政治教育与文化传承创新相得益彰、相互促进，实现思想政治教育的纵深发展和文化传承创新的传播实效。恰当的仪式，可以激发人们的参与热情，避免思想政治教育的单调和枯燥，调动更多的人投身文化传承创新事业。通过思想政治教育纠正危害健康和环境的不良生活方式，进而使人们感受先进文化带来的快乐，增加文化传承创新的正能量，形成良性的文化传承创新机制。我们应该更好地发挥图书馆的文化传承创新作用，使图书馆内汇集的人类思想财富和文化资源，以更人性化、更便捷的方式为人们提供服务，促进文化传承创新的蓬勃发展。思想政治教育是文化交流，“文化交流是民心工程、未来工程，潜移默化、润物无声”❶。只有在不断的文化交流中，才能取长补短、激发活力和创新点，才能创造真正适应人民需要的文化产品，才能增强中国优秀传统文化的传播力、创新力和影响力。

（二）思想政治教育是一种“以情感人”的情感教育过程

思想政治教育仪式的有效性，既有赖于“晓之以理”“以理服人”，更依赖于“动之以情”“以情感人”。“情理”二字，重在情。不能打动人心，不是情感教育，死板僵硬，再有理也不会产生好效果，何种仪式都难以奏效。所谓情感教育，“指的是把情感作为人的发展的重要领域之一，对其施以教育的力量，使人的情感层面不断走向新质，走向新的高度”❷。情感教育打破程式化教条，走入人的情感和精神世界，通过具体的形象的

❶ 杜尚泽，等. 文化交流是民心工程、未来工程［N］. 人民日报（海外版），2013-03-25（7）.
❷ 朱小蔓. 情感德育论［M］. 北京：人民教育出版社，2005：48.

表达，把抽象的认识转化为内在认同和信念，转化为内在经验和价值目标。仪式通过对人们的感情产生激发、唤醒作用，来实现仪式中价值与观念的目的。一旦人们的情感被激发，则对自身的仪式中的价值、观念的自发形成产生动力。“道德信念是个人道德动机的高级形式，是道德行为的稳定性与一贯性的有力支持者，情感体验使认识转换升华为信念。”[1] 情境是人们产生情绪感受的重要来源，仪式教育首先要注意丰富主体对情境的感受。仪式中的程序性必不可少，它是制造情境所必需的。仪式教育遵循既定的被人们认同的形式流程，一丝不苟，庄严神圣。当然，如果仪式只是注重程序的展演，而忽略情感投入和情感塑造，就会沦为外在于人心的形式，成为人们诟病的形式主义。仪式要让人的各种情绪和情感得以规范性表达，配以情景画面、音乐、语音等，产生共鸣，激发向往之情，我们的思想政治教育仪式，要在合“礼”即合乎规范的仪式程序中，营造这种沁人心脾的情景。其实，礼乐教化是一种规范化过程，是以制度和规范的形式来塑造秩序。音乐烘托中的仪式，让人们在庄重的仪式中积淀自己的情感，传承主流的价值观。既产生情感教化之效，又得到内化意识形态之力。梁簌溟曾说：“盖理性在人类，虽始于思想或语言，但要启发、实现它，却非仅从语言思想上所能为功。抽象的道理，远不如具体的礼乐。具体的礼乐直接作用于身体，作用于血气；人的心理情致随之顿然变化于不觉，而理性油然现前，其效最大、最神。”[2] 总之，现实生活中有教育意义的感情事件，经过精心设计为有强烈感染力的教育仪式与人为情境，是进行情感教育的基本手段。人们通过理解文学作品、戏剧、电影等艺术形式中的人物形象，才能更好地体会善与恶、诚实与虚伪、正义与非正义。形象直观的形式，才能深入心灵，这是情感教育成功的法宝。思想政治教育仪式要避免惯常的抽象空洞说教，学习运用生动直观的形象化和现代化手

[1] 朱小蔓．情感德育论［M］．北京：人民教育出版社，2005：48.
[2] 梁漱溟．中国文化要义［M］．上海：学林出版社，1995：10.

段，以丰富人们的感官体验和感受。同时，仪式教育者要有饱满的教育激情，坚定的教育信念和理想，才能把教育作为事业，以人格力量感召人，使仪式教育产生精神影响，传递爱心，发挥作用。

第六章　现代思想政治教育仪式的设计与评价

仪式活动在现实生活中极大地影响人们的思想观念和行为模式，是深化思想政治教育的有效形式和重要载体。仪式活动通过仪式场景能够构建有效的思想政治教育情景。仪式活动本身也蕴含丰富的思想政治教育内容，能有效地整合各种思想政治教育资源。充分利用和发挥仪式活动功能，可以有效地提高思想政治教育效果。现代思想政治教育仪式的设计与评价，对于增强仪式的影响力、吸引力和感染力，实现思想政治教育仪式价值，具有重要意义。

第一节　现代思想政治教育仪式的设计

现代思想政治教育仪式的设计把思想政治教育仪式过程视为一个由诸要素构成的系统。在现代思想政治教育仪式设计过程中，仪式目标、内容、方法、媒介等之间相互联系、相互制约的关系，要求现代思想政治教育仪式设计要围绕目标的实现展开其他环节设计，保证目标、内容、策略、过程一致性，发挥各要素的整体效应。

一、现代思想政治教育仪式设计的理论基础

作为礼仪之邦，中国古代有丰富的仪式教育思想与实践。儒家非常重视运用各种仪式对民众进行思想政治教育，认为通过礼教可以让人们自别于野蛮，提高自身道德、意志的修养，接受社会价值，遵守社会规范，实现政治秩序的稳定。古代仪式教育的特点包括：仪式设计富含象征性教育信息；注重辞令的直接教育；礼教与乐教相互配合；注重仪容、仪式等。

现代思想政治教育仪式，具有明确的物质化结构特征，这些形式上的丰满是通过时间、空间、言语、器物等象征元素的设定来实现的。而在这些基本元素的综合象征意义，才是仪式真正意义上传递的价值、观念。这就意味着，仪式对于情景的控制，会在潜移默化中进行，并且意味着参与者一旦进入仪式的情境中时，这种仪式的意义将不会被主观地打断或延缓，必须完成整个形式、程序上所设定的所有环节，否则这种仪式将毫无存在意义，与其他人类实践活动并无本质上的差别。

（一）传统思想政治教育理念下的仪式设计

现代思想政治教育仪式设计的目的是实现思想政治教育仪式的最优化。总结多年来国内外在现代思想政治教育仪式设计领域的研究，尽管模型的名目繁多，但从其理论基础和根本上看，不外乎朝着两个方向发展，一个是以“教”为中心的理论；另一个是以“学”为中心的理论。以“教”为中心的现代思想政治教育仪式设计的理论方法，完全围绕如何帮助教育者的“教”而展开。它由以下几个环节组成：教育仪式的目标分析，受教育者的特征分析，在此基础上进行教育仪式策略设计和教育仪式媒体的选择与设计，进行形成性评价，并依据形成性评价所得到的反馈及时调整和修改仪式内容与仪式策略。经过思想政治教育仪式理论专家多年

的努力，以“教”为中心的思想政治教育仪式设计已形成一套相当系统、完整且有很强可操作性的理论与方法，并在思想政治教育仪式实践中产生较大的影响。其优点是，有利于教育者对教育仪式进程的组织、管理与控制，有利于教育者主导作用的发挥；缺点是，这种思想政治教育仪式设计忽视了受教育者的主观能动性，在整个仪式过程中，把受教育者置于受灌输的被动地位。显然，这种仪式设计理论是直接为传统的思想政治教育模式服务的。以“学”为中心的现代思想政治教育仪式设计的理论方法，随着媒体时代的到来，为思想政治教育仪式提供了诸多可能性的媒介，这些媒介的介入一般都会改变仪式的结构性特征，这种趋势必定会在国内外兴起并快速发展。这种现代思想政治教育仪式设计的理论，应该与传统的以“教”为中心的思想政治教育仪式设计不同，其着眼点和落脚点都应该是如何提供足够给受教者自发形成以搭建为目的价值、观念、知识等所需的材料为中心问题的。可以认为，这种理论主张的新理念，在于强调受教育者的中心位置，教育者应围绕受教育者转。概括地讲，以“学”为中心的现代思想政治教育仪式设计，包括以下两部分内容：一部分是仪式在形式上的布局；另一部分是如何生成这种自发、自主式学习所运用的方式。实际上，第二部分的设计内容也应该由第一部分内容来体现，而第二部分内容的设计则是通过仪式内在的机理来完成的。也就是说，从某种程度上看，仪式的内在机制是由外在的物质的形式化来保证实现的，真正存在设计意义的，只剩下人主观对外在部分的谋划。内外互动，方向一致，目标一致，都是为了更有效地促进人们对信仰、知识意义的主动建构，使受教育者真正成为信息加工的主体，从而充分体现人们的认知主体作用。

东方、西方不同背景下发展起来的设计理论各有自己适合的应用领域。由于新技术的发展和应用，使得思想政治教育仪式的设计与其挂钩，拥有了无限多的可能性，这也就意味着，电子信息符号可以打破纯粹的物质化构成仪式的象征符号的约束，从而更适应科学性上的现代化需求，这种势头将视为未来思想政治教育仪式设计理论发展的重要动力。以“教”为中心的现代思想政治教育仪式设计理论与以“学”为中心现代思想政治教育仪式设计理论的有机结合、取长补短，这样才能形成一种新的现代思想政治教育仪式进程的稳定结构形式。在整个进程中，必须使受教育者处于中心地位，但事实上并非自始至终如此；受教育者在接收、采纳信息时，受教育者的主体性只表现在对自身容纳与否的控制上，这就是问题所在，也是我们工作的任务目标。需要我们改革创新的还有很多方面，总的来说，就是要冲破“主体与客体”二元制模式的限制。

（二）现代思想政治教育仪式的“新型”模式

思想政治教育仪式在设计上，还存在一种可能性，即针对此种模式限制的解法。众所周知思想政治教育仪式是带有“国家在场”符号的权威性质，这就导致在仪式中，除了原先的教育者、受教育者在场以外，还存在一个被赋予人性的“第三方”精神虚拟化的在场。所以，原先的思想政治教育活动中的结构产生了变化，以至于可以被视为一种新型的思想政治教育模式。这种新型模式不同于原先的，主要是由于它的特殊性。它的特殊性就在于，在思想政治及教育仪式中，可以打破传统中“教育者”与“受教育者”的固有联系方式，展现一种新式的思想政治教育主体关系。

它可以是这样的展现：在思想政治教育仪式的实践活动中，原先的“教育者”本位开始模糊化。它不再出现像原先的单方向向“受教育者”灌输知识、价值观念等方式的现象，从某种程度上应该说，原先的“受教育者”转化成为仪式中的“参与者”，这种“参与”的表现可能是普通的，也可能是扮演仪式中的“主持者”。无论是普通的参与者还是仪式的主持者，都不再是原先与受教育者之间的关系，而可能是平等、对等的关系，或者说原先教育者与受教育者不同的是，扮演不同的角色罢了；更确切地说，仪式中主体间的关系是预先被设定好的，在被仪式所设定的角度上看，主体间是平等、对等存在的。思想政治教育仪式有时可被视为一种“舞台剧”的展演，在这场“演绎”中，角色是可以被预先人为设定的，而整个剧中的权威性不再是授之于“角色”上，在“角色”之上，存在最高精神的象征，即是仪式中所具有的价值、观念等。仪式主持者的“特权”，仅限于在仪式内负责引导仪式程序、仪式形式的主动性，换言之，它只是“神圣”下的传递者。这样看的话，在思想政治教育仪式中，主体间关系成为“主持者—参与者”平等的主体间关系，而实践活动中所传达的信息则成为更重要的体现，这种精神化的“信息”被物质化成为仪式的程序、形式上等可见的方式，借助国家符号所具有的权威性的象征，在仪式中“凌驾”于普通参与者与主持者之上，在不断重复仪式活动过程中，这种原先的“客体”被人授予了主动的意味，逐渐为“主体”精神层面所接受、采纳。

我们可以注意到，通过思想政治教育仪式所独有的方式，可以缓解教育过程中，教育者与受教育者之间的矛盾所造成的思想政治教育效率低的影响。因为在思想政治教育仪式中，教育者与受教者的关系发生了变化，也就是说，原先的主体间的关系转变为新型的相互关系，所以在客观上，原先的关系不复存在是根本上消除这样矛盾的根据。在新型的主体间关系中，原先“客体”的重要性被突出，与之相对应的，原先的“主体”重要性被降低了。具体说就是，原先的教育者不需要再去告诉受教育者“怎么样是对的，应该怎么样做，怎么样认识，产生怎么样的结论”，而是通过仪式化的表达方式，配合仪式的传递去实现这些观念的、价值的、能够被原先的“受教育者”所接受、采纳的。“受教育者”参与仪式，不再是原先的与现实的、客观的人“对立”，而是在潜移默化中受到仪式的影响，去完成价值的、观念的传导过程。也就是说，原先的主体间矛盾已经转向主体与客体间关系中去了，也可以说这是一种回归。而原先“受教育者”对于“客体”的接受程度、抵抗程度，都交由仪式过程去处理，成为思想政治教育仪式设计和评价之所以科学有效的技术性问题了。在思想政治教育仪式中，“客体”被人赋予“情感”，有时也可以是高压的国家权威的展现，总之，是被赋予了“人性”。客观地看，在思想政治教育仪式中，参与者与主持者都专注于形式、程序上的“物”，而被赋予诸多意义“人性”的“物”在这个过程中，影响着参与者和主持者的精神层面。特别是作为参与者的个体社会成员，他无法超脱于社会而独自生活，无论是物质还是精神层面，都必须接受社会对其施予的限制，所以说，不同个体社会成员间也存在相互制约的作用，可见在思想政治教育仪式中，人的社会化表现也成为仪式效果、目的顺利达成的保证。

二、现代思想政治教育仪式设计的一般原则

现代思想政治教育仪式设计原则，既是仪式设计应遵循的标准和规范，同时又是仪式技术评价的基本手段和尺度。

（一）以人为本原则

现代思想政治教育仪式设计中兴起了“以人为本”的设计理论。“以人为本”就是把“人”的位置放在核心，树立人在时空中的主导地位，现代思想政治教育仪式过程中的景—物—内容均以人的生理和心理感受进行设置，因而“以人为本”将是思想政治教育仪式设计成功的基础。把握现代思想政治教育仪式设计中各组成要素的特性和功能，来满足人们物质和精神的需求。以人为本是现代思想政治教育仪式的根本遵循。以人为本中体现的是，人在人类社会中的主观能动性的客观实践意义。以人为本的科学内涵要求我们，首先，要把握的是“人”这个概念。显而易见，在哲学范畴的“人”与自然科学中生物的“人”是不同的，并且也是有联系的。哲学中“人”是带有社会属性的，这是专属于人类社会的特殊意义，而在

一般意义上，生物的“人”则是这一特殊意义的客观承载。其次，其中的“本”，并不是要回答什么是世界的本源，而是要解答我们在认识世界、改造世界的过程中，什么才是关键和根本。以人为本是突出和强调社会“人”对于社会历史发展的主体性地位，任何的人类行为都是围绕如何关注人的生命与生活来开展的。以人为本的理念，对现代思想政治教育仪式提出新的要求，它从终极意义上赋予思想政治教育仪式新的内涵，意味着现代思想政治教育仪式不仅要着眼于当前的社会主流意识形态、社会控制，也要着眼于最广大人民群众的根本利益，以及全人类更长远的利益考虑。由于仪式存在于人类文明的每个历史阶段，所以作为技术性应用的今天，不能够存在任何历史倒退的错误引导，因为以往人类认识能力的局限，就促使仪式的命运中有挥之不去的神秘主义色彩。坚持以人为本作为思想政治教育仪式设计的原则，就是坚持人与客观、人与科学、人与实践等相统一。以人为本本身就体现应是思想政治教育仪式设计的首要原则。

（二）科学性原则

思想政治教育是一门实用性技术，更是一门科学，这就要求思想政治教育仪式必须遵守科学性的原则。科学的原则主要体现在三个方面：一是客观性，作为具体的人类社会实践活动，思想政治教育仪式是客观实在的，任何思想政治教育仪式的设计与创造，都是为了能够在客观中展演，只停留在想象中的仪式是不存在的；二是真理性，对于真理的掌握、传递而言，一般是以事物一般性规律为主的，思想政治教育仪式作为一种社会实践，正是对事物一般性规律的探索，是以追求真理为目的的，思想政治教育仪式的设计是遵循思想政治教育中一般性规律的具体应用；三是历史性，思想政治教育仪式的设计不是异想天开的臆想，而是有根有源的客观实践，在人类社会历史中，出现过无数的象征符号，演绎出绚烂的人类文明和符号文化，对历史的尊重，就是对我们自身的尊重，只有尊重历史，才有庄重感，反过来说，只有具备庄重意识，才有历史感。现代思想政治教育仪式设计的科学性主要体现在最大限度上摆脱了凭借主观经验进行仪式设计的倾向，特别是其充分考虑了现代思想政治教育仪式的背景及其导向，在教育和环境之间进行适当的调整。特别是其注重对现代思想政治教育仪式本身的细致且全面的分析，减少思想政治教育仪式过程的盲目性和随意性。

（三）可操作性原则

思想政治教育仪式的设计应该是一项庞杂工作，但是这并不表示思想政治教育仪式的设计会庞杂到无法操作的程度，恰恰相反，越是科学性的体现就越是会精简而深刻。思想政治教育仪式是一种人类的社会实践活动，实践性是其首要特质。出于实践的考虑，就必须要求思想政治教育仪式遵守可被操作的原则。虽然一定程度上，仪式可以超脱于语言表达的方式，但是仪式的物质化形式和程序都是客观实在的，也就是说，通过设定定量，我们就可对变量进行预计、测量，以至于详细地描述出可操作的、可行的方案。

现代思想政治教育仪式目标的设计，教育方法的选择、教育形式的组织、教育活动的安排等不能仅从理论上的最优化出发，而应考虑思想政治教育仪式自身的特点、实施媒介的条件和环境、教育资源的可利用性，而非简单地选择理论的最好。现代思想政治教育仪式设计的可操作性原则应体现在思想政治教育仪式设计的具体性上。思想政治教育仪式设计必须围绕受教育者学什么、学到什么程度、通过何种手段训练技能和能力、如何达到思想政治教育的目的、怎样检测思想政治教育仪式效果等一系列具体问题必须具体考虑和设计。现代思想政治教育仪式设计实施的可行性和可操作性应该贯穿现代思想政治教育仪式设计的始终。要把现代思想政治教育仪式真正设计成为人们真心喜爱、终身受益、毕生难忘的活动过程，要把虚拟空间与现实空间统一起来，把解决思想问题与解决实际问题结合起来，形式多样，生动活泼，思想解放，超前思维，避免简单地就思想问题解决思想问题，避免单纯地说教。

（四）可复制性原则

社会中的思想政治教育仪式，由于时空的限制，不可能仅仅通过一次性仪式活动就达成全部的思想政治教育仪式的目的，更何况，复制与重复本身就是仪式的技术性应用技巧，思想政治教育仪式中的价值与观念必须通过不断地复制与重复才能使其被社会逐渐地采纳与接受。仪式是一个意义世界和象征体系。所有活动都是有特别意义的。历史上，人们往往对非语言符号的理解十分不同，符号总是被冠以“象征”一词普遍地运用和不断地讨论。信息传播的载体，是一整套信息符号和传播媒介。而客观事实则是信息的本源。

思想政治教育仪式的可复制性原则是思想政治教育仪式科学性的体现。因为假使这项思想政治教育仪式不能够复制，某种程度上就说明，它是具有随机性、巧合性的成分，科学性是对客观事物的一般性规律的掌握，显然这将成为这项仪式科学性的悖论。

思想政治教育仪式是一门技术性应用，技术性应用的表现就在于是可操作、可复制的。假使缺乏可复制性，这项技术性就不存在社会范围的应用。固然，每项不同的思想政治教育仪式都具有其特殊性的意义，不过这只存在于目的性的不同与参与人的特殊性中，从设计上的技术性而言，都是一样的。

（五）可解释性原则

个体社会成员的实践活动都是存在目的性的，这是显而易见的，也就是说个体人的行为是存在因果效应的，是可以被理解、解释的。但是从某种意义上说，当个体聚集在一起，形成相对稳定的小群体甚至社会群体时，这种人的主观目的性则表现得不那么明显了，甚至可能出现在群体中引发的看似非理性、无意识的行为，但是需要说明的是，这种“混沌”的表现并非说在人群中人们失去了意识，而是说这种行为的目的性变得非理智，有时这些目的性并非源于人的意识本身。也就是说，“非理性”“无意识”与“不可解释”是不同的，可解释涉及的是人的认识层面，并非有无意识或者意识如何支配行动的范畴。

思想政治教育仪式中运用象征的意义来传导特定的价值、观念等精神层面的认识，通过预先设定好的形式与程序来开展，从某种程度上说，仪式带有一些策略的意味，纵使是策略、计谋也好，思想政治教育仪式中的信息是明确的，物质化形式也是明确的，这就要求思想政治教育仪式的设计具有可解释的原则，而解释的本身亦是包含在仪式所要表达的含义之内的。值得注意的是，思想政治教育仪式是可被解释的，这种解释并不是目的，确切地说，这种解释的目的只存在于对此项思想政治教育仪式活动研究的状况下，因为对于思想政治教育来说，任何手段、方式都是为了保证思想政治教育工作的成效的，对这些手段、方式进行解释则是对思想政治教育仪式的解构，所以才使得可解释是存在于原则上的规范，而并非真正实际中我们需要做的事情。

三、现代思想政治教育仪式设计的关键要素

结构是科学研究中重要的概念，对于事物结构的考察是科学研究的重要视角。因为从某种意义上说，任何事物都是可被看作一个整体，整体由诸多要素组成，这些要素之间的相互关系，以及如何组合成为一个整体，这是结构所要研究的内容。我们可以通过对事物结构的研究，了解事物所

具有的一些特性，甚至解释在整体性上表现出来的属性。对于思想政治教育仪式来说，对其结构进行研究同样的重要。思想政治教育仪式不是各组成部分的随意累积，而是通过一定方式、形式和逻辑有秩序地组合在一起。我们可以通过对结构中的组成要素进行分析，从而了解思想政治教育仪式中的某些内在机制，以便在设计中得到应用。

对于思想政治教育仪式来说，结构通常被理解为客观实在的、物质化的所指，事实上，这些物质化形式的构成要素仅仅是程序中在体现，更深层的是这些要素被人精神上赋予的“所指”含义，如同基督教教义中的“葡萄酒”与“面包”一样，在仪式的形式结构中，我们看到的是两种食物的类别，可是其具体所指向的耶稣的血肉与奉献、感恩精神才是仪式之所以具有意义的体现。由于精神符号的包罗万象、千奇百异，使得只有在具体对某项思想政治教育仪式进行分析时才具有实际意义。所有物质的、外在的结构中的要素，是思想政治教育仪式中所指寓意的客观承载，所以通过这些非精神的结构要素进行分析，是更适用的对思想政治教育仪式结构的研究方式。

科学把握现代思想政治教育仪式的结构，必须对现代思想政治教育仪式设计的构成要素进行研究。要素就是构成有机系统的基本要件和因素。一般而言，要素应该具有三个特性：关联性、单一性和内在性。一是所谓关联性是指要素之间的一定的联系，这种联系肯定存在某种必然性，才能够使得构成整体变得现实、客观；二是所谓单一性是指这些要素之间存在质上的差别，也就是说，两两之间是可以区别、划分的，某种程度上讲，是相互无法替代的；三是所谓内在性是表现在要素之于整体的关系，指的是要素在整体内的意义。

正确认识现代思想政治教育仪式设计的构成要素，必须进行深入思考和研究。先不讲思想政治教育仪式中机制、制度性的构成要素，从把握客观要素出发，我们可以发现：各要素之间，是通过物质流、能量流、信息流进行交换、摄取，协同进化的。从静态和动态相结合的角度，对现代思想政治教育仪式设计的分析发现，时间、空间、话语、器物是现代思想政治教育仪式设计的关键要素。所以，我们还要研究各要素是以怎样的方式相互作用、结合的，把握现代思想政治教育仪式设计的整体构架，揭示现代思想政治教育仪式设计构成要素之间的矛盾运动规律，才能增强现代思想政治教育仪式设计的实效性，找到行之有效的建设路径与方法对策。

（一）现代思想政治教育仪式设计的时间要素

时间是人类社会中最为稳定的度量衡，人类社会的发展在时间的刻度下，展现为不同的历史时期、阶段。虽然在人类社会文明中，对于时间的衡量有过不同的、非常多的计量方式，但是若利用同一种时间计量方式的话，我们就一直处在同一个时间轴之上，而相对的时间的差异只产生于个人的自我认知与物理学原理中。这也就是说，时间对我们来说是“平等”的，具体的社会实践活动也脱离不开时间的掌控，而对于思想政治教育仪式中的时间来说，是可以被具体设定的，并且这种设定使仪式存在预先的计划性。

时间与空间往往是一对绑定的讨论范畴，应该说时间是属于空间的一部分。我们在这里只能狭义地去理解时间与空间的关系，才能够很好地辨别开，也因为对于当今的人类社会来说，时间和空间的含义是相对稳定的，不涉及在不同的两个空间中的相对时间，假如即使涉及在信息技术下的网络虚拟空间，也不会改变同样处于其中的参与者的时空一致性。

从思想政治教育仪式的角度看待时间，首先可被视作一种象征符号，原因很简单，就是人类社会的发展一直都不会脱离时间的掌控，所以从这种意义上讲，是时间符号赋予了人类社会中诸多事物以意义。时间的象征符号在仪式中的应用极为普遍，如在中国古代社会中的许多仪式，“吉时已到”成为这种时间符号的特殊言语表达形式，其中有中国古代人们对

“吉祥”的向往，同时肯定了时间对此具有直接性的联系，如同“天时”一样，时间是影响人类社会活动最基本的自然属性。在思想政治教育仪式设计中，破除“迷信”的成分，我们可以发现时间在仪式中的许多技术性运用。例如，在“升国旗”这项仪式活动中，一般在早晨日出时进行，喻义国家的发展如同上升的太阳般，新的一天开始喻义国家除尘更新。

在思想政治教育仪式中，时间还往往与“时机”紧密联系。动态地看待思想政治教育仪式的运行过程，我们就会发现，在预先设定好的环节中，规范化的行为在实施时，存在一个“时机”，也就是说是在特定的时间点上，进行某种环节，才使仪式的运行机制存在结构性特征。这种“时机”的设定，只要符合仪式的逻辑即可实现，与具体的时间之间是具有差别的。

（二）现代思想政治教育仪式设计的空间要素

如果狭义地去理解人类社会生活中存在的空间，那么最为直接的是“背景”。在活动“背景”中，一切以物质存在为基础，这些物质性的背景是思想政治教育仪式现实存在的根据。因为我们无法将仪式架空在某个不确定的空间来进行，或者刨除空间的设定，即使在对仪式空间不做任何要求时，空间元素也是客观实在的。相对于时间而言，空间是可逆的，时间则不是。空闲的设定可以体现人的主观能动性，意味活动所具有的目的性。

亨利·列斐伏尔是系统阐述空间理论的先驱，他认为空间从根本上是一种与人的创造性相关的主观空间，是人的存在方式。亨利·列斐伏尔在《空间的生产》中，把这两种既对立又相互联系的空间观称作“透明幻象”和“真实幻象”。他认为社会空间是社会的产品，它既是构想的又是想象的“生活空间”。空间理论的另一个思想先驱米歇尔·福柯提出“另类空间”，即“异托邦”是指在真实空间中存在的虚幻空间，而“乌托邦”则是指世界上根本不存在的地方。他还认为空间是一种通过权力建构的人为空间，是权力机构控制民众的一种方式。米歇尔·福柯认为“我们的社会不是一个公开场面的社会，而是一个监视社会”[1]，以历史精神为维度的现代性批判叙事出现了富有特色的空间转向：空间被过度阐释，不仅被构想为政治、冲突与斗争的“场所”，而且也是争夺的对象。爱德华·索亚则把生活空间称作“第三空间”，即真实和想象的开放空间。他强调人类从根本上是空间的存在者，人类主体自身就是一种独特的空间性单元。“一方面，我们的行为和思想塑造我们周遭的空间，但与此同时，我们生活于其中的集体性或社会性生产出更大的空间与场所，而人类的空间性则是人类动机和环境或语境构成的产物。”[2] 他倡导“第三空间”的思考方式，突出人类生活的历史性、社会性和空间性的“三维辩证法”，认为“各种人文地理的结构既反映又构建了世界中的存在”[3]。特纳在《仪式过程：结构与反结构》一书中，对非洲恩丹布人仪式过程中的各种符号进行不同层面的分类，提出“仪式空间”的概念，并用三重组合和二元组合的结构分类法对伊瑟玛仪式符号和空间的象征意义进行分析研究。

无论主观意愿接受与否，空间的理论及人类认识上的革新，都会改变我们眼中的世界。现代思想政治教育仪式设计应当充分利用这些在空间理论上的成果。特别是对仪式中的“所指”寓意，空间观念可以在仪式的现实操演中得以实现。

（三）现代思想政治教育仪式设计的话语要素

实际上，仪式来源人思想中的情景重现，只不过在具体情景中“人

---

[1] 福柯. 规训与惩罚［M］. 北京：三联书店，2003：243.

[2] 包亚明. 后大都市与文化研究前言：第三空间、后大都市与文化研究［M］. 上海：上海教育出版社，2005：1.

[3] 爱德华，苏贾. 后现代地理学［M］. 北京：商务印书馆，2004：38－39.

物”的设定未必是与现实相符的。仪式中的“人物”在操演中鲜活地呈现，其中包括对话语的应用。可以注意到的是，仪式中的话语一般象征的意义不在于话语本身，如“中国人民从此站起来了”并不是指人的站立行为，然而即使在仪式中出现由其他姿势转变为站立姿势的人的行为，显然一样意不在此。可以说，仪式中的话语要素的符号感很强，这是由它自身的性质所决定的。思想政治教育仪式具有对社会整合的作用，可以集中、团结社会来实现社会的稳定控制，在很大程度上，这取决个人对于社会的认同，而话语符号正是这种认同的标志。事实上，仪式中会不厌其烦地出现这种话语符号的强调，正是因为基于仪式的这种基本功能，集中、团结和稳定保持某种特定的价值观念才成为仪式的现实意义。

思想政治教育仪式中的话语要素另一个特殊功效是可以激发参与者的情感。无可厚非，人是感性与理性的综合体，人的感性与理性并非总是同步的，事实上，两者通常处于相互消磨的状态，此消彼长。仪式中的话语符号对参与者的仪式代入感很强，也可以视为一种在心理技巧上的应用，它具有最强烈的、鲜明的仪式感。

（四）现代思想政治教育仪式设计的器物要素

器物在仪式中充当人精神的实体化，也就说器物之所以被人创造出来，就是为自身的精神实体化寻找一个容器，这种方式的表达自古有之、历史悠久，所之谓器物文化。一般情况下，器物的创造和使用都具有一个共同的象征寓意，即精神的崇高、不可侵犯。古典仪式中常见的器物有权杖、戒、徽章、旗帜等，通常在仪式进行过程中，还具有特殊的用途设定，而这种设定与器物的物质化结构往往是关系甚远的，如亲吻帝王的戒指，并不会带来身体生理上的好处，而是象征王权、忠诚与荣耀。

思想政治教育仪式中一样不可缺少器物要素的介入，某种程度上，将国家级别仪式所具有的严肃性社会化引至思想政治教育领域中来了。与古典仪式中使用的器物不同的是，思想政治教育仪式中的器物所具有的个人色彩的精神体现要弱化得多，这是由于思想政治教育对于仪式的限定，这种特殊性的展现也约定思想政治教育仪式中的器物所具有的最高精神性，即国家的精神。在实际中，思想政治教育仪式中的器物可以是国旗、国徽等诸多象征国家的符码，也可以是日常生活中普通的筷子、旗袍等文化性的符码，都取决仪式自身的设定。总的来说，思想政治教育仪式中的器物必然是显现其庄严性、严肃的意义。

四、现代思想政治教育仪式样例设计及分析

在人类社会的实践活动中，思想政治教育仪式是其中一个极为重要的方面。对于思想政治教育仪式而言，其实践活动展开的前提条件是将价值作为其实践性研究的核心内容。现代思想政治教育仪式具有价值导向，主要体现在其实践活动能有效地创造及实现价值，而正是因为对价值的创造及实现，才能针对仪式客体发挥价值导向的功能。我们从思想政治教育仪式这一实践活动出发，通过分析现代思想政治教育仪式样例设计的内在价值及研究意义，进一步对现代思想政治教育仪式的实践性进行探讨。

（一）样例设计

样例的设计理念：中华民族在中国这片土地上繁衍生息了数千年，其中大部分时间都处于农耕社会的状态，其所孕育出来的文化底蕴是一个民族立以生存的根本。而今日不同往昔，时代背景、社会结构、社会关系等都发生了翻天覆地的变化，唯一相对稳定的就只剩下那些与民族性相关的东西了。那些优良的传统文化需要一块生存的土壤，不仅如此，还应当在新的环境中继续发挥那些无可替代的重要作用。上文中提过，我国传统文化表现为一种仪式化生存的状态，也就是说，通过某种具体的仪式可以直

接有效地增强中国传统文化的活力。如果采用仪式的方式，就必须考虑其可能所存在的缺点或者不良的影响。

这种影响主要表现在对于社会内部，人们客观地被分为参与仪式中的人与仪式外的人，逐渐地同属一种划分的人们会形成某种类群体，随之俱来的对权力、利益、价值追求等要求会越显突出、明显，以致存在一种可能性，就是新生的阶层与社会结构中的其他阶层发生关系，有时可能表现为激烈的碰撞。也就是说，思想政治教育的价值衡量标准决定了当代思想政治教育仪式的内涵与外延。

样例设计的诉求：粮食问题一直是关乎国家安全问题的重中之重，解决问题的途径不仅体现在如何不断提高粮食生产能力上，还在于人民群众在社会生活中对粮食的“尊重”。这里的“尊重”包含本民族传统文化中的知识积累，如历法及农耕知识等；还包含在价值层面的，如农耕精神等；以及一些民俗性的个人行为、习惯上的指引等。由于当前的科学技术发展与城乡二元经济结构的现状，使得特别是生活在城市中，与新的科学技术联系更为紧密的人民群众渐渐远离于上述中“对粮食的‘尊重’”。这里样例设计的意图，就是选取这一部分人民群众作为对象，通过某种设计出来的思想政治教育仪式，来达成“对粮食的‘尊重’”的价值诉求。同时在“情感”上，有助于缓解城乡二元带来的社会阶层间矛盾，从而维护社会的和谐稳定。

1. 仪式步骤

步骤1：样例仪式举行的时间参照说明2。根据说明1，确定是由国家特殊“代表”或者区域特殊“代表”来担当仪式的主持者。仪式采用自主参与的原则。仪式的主持者与参与者需身着务农服饰，可根据气候、民族或者个人喜好等自主决定。携带简单的务农工具及种植粮食作物所需的物品，如锄头、镐头、种子、肥料等。仪式举行的地点可以由个人选定的适当区域或者是集体选定的适当区域，每人1平方米的土地（说明4）。由主持人引导参与者完成种植过程，完成后在种植区域标识仪式及个人专用标志。水稻的培育与收获的时间节点，以当地的农作物为基准。仪式举行期间，可根据当地务农风俗、习惯，穿插举行其他务农相关仪式，如甘肃的“柴人”防雹等，旨是民众的聚集、欢娱等作用。

步骤2：每年的10月16日，是世界公认的粮食日。仪式参与者当天晚饭的主食，只许食用之前仪式中自己种植、收获、储存的粮食。由于各种原因导致粮食歉收或者无收成者，则这顿饭不食主食以示“惩戒”的蕴意。仪式结束。

2. 步骤说明

说明1：由于考虑到全国各地城市用地问题的差异性，所以样例较为适用一定区域内人民群众同时参与。如果是全国范围内同时进行，则对宣传、重视程度及专用土地等条件有一定的要求。

说明2：由于考虑到全国各地地理位置的差异性，仪式中推荐使用水稻这种农作物。这主要是根据水稻在我国各地都可以普遍种植。水稻种植以长江流域分之南北，又有单季稻与双季稻的区别。从仪式效果的角度考虑，建议在每年的4月进行。因为北方单季稻是在4月左右播种，南方双季稻中的早稻则是在4月中旬播种，时间较为接近，并且由于水稻对温度、湿度的要求，建议迁就北方的种植条件，将样例举行的时间设定在每年4月初，可以考虑“清明”节日的因素来具体确定时间；或者直接以长江流域分之南北，分别举行。

说明3：日本C’estec技术公司在2016年开发出一款室内蔬菜种植设备Foop（food食物 + people人）。人们可以利用这款设备在自己家里种植生菜、芝麻菜、香芹等蔬菜，完全有机，没有任何农药化肥。设备采用科技智能，占用空间小，在技术层面给予样例设计以“日常仪式行为”的特殊方案的可能性。

近些时日，个别城市的超市卖场出现贩卖以聚乙烯泡沫保温盒为包装载体，配以培养基及消费者自主挑选种类的农业作物种子，这种“特殊的商品”受许多民众的欢迎，因为只需带回家稍加相应的培养，就可以吃到自己种植出来的农作物。所以，即使是出于民众对健康饮食需求的考虑，侧向地给予样例仪式以良好的群众适用基础。

说明4：根据粗略地统计，一般情况下，1平方米土地能收获0.6公斤玉米、0.75公斤稻谷，1平方米土地种植收获的玉米和水稻足够一人一顿饭的食量。粮食产物正常的情况下，保质储存期可超过1年。

（二）样例分析

“教育”在一定程度上，可以对思想政治教育仪式完全解释得通，但也可以通过仪式本身去解释仪式行为，以及仪式的运行。在逻辑上，可以理解为是一种同义反复，正如仪式无法代替“教育”一样，“教育”也无法代替仪式。索性我们不去说如何在仪式中实现教育的功能，且说如何使思想政治教育仪式实现仪式的功能。

这就要求，思想政治教育仪式必须具有仪式的程序、形式化特质，包含众多的要素成分与环境的设定。

还要求，思想政治教育仪式中所传达、传递的价值与观念被参与者或者社会所采纳。仪式如果只流于形式，那就是大错特错了。充斥在仪式中的象征意义是仪式符号存在的基础，也就是说，如果“符号”不存在“能指”与“所指”间的分离，那符号本身就不存在任何意义。所以，仪式中的价值、观念必须得以传递，在上述的样例中，充满中国传统农耕文化的符码遍布仪式设计中的各个环节与细节。

思想政治教育仪式产生的影响不仅仅限于仪式过程中。在上述样例中的思想政治教育仪式不仅是个体人的行为，其中可以包含协作、分工，如果在整个社会进行推广的话，还会对不同的仪式完成情况，存在个人与个人之间的比对、群体与群体之间的比对等效果，在比对中相对差的个人或群体自然会存在某种程度上的挫败感，又或者是自疚感等负面情绪，这将促使仪式在仪式外发挥其惩戒功能，这种影响波及是串联的反应。

第二节　现代思想政治教育仪式的评价

教育仪式过程，实际上营造了一个使参与者自我反省的空间，这样使得人们能够与“他者”开展“对话”，从而符号象征的社会功能才得以发挥。现代思想政治教育仪式可以使人们能够在仪式活动中达成共同的观念认同，通过现代思想政治教育仪式设计形成共同的集体记忆，并能映射未来，引导人们为未来努力。

一、现代思想政治教育仪式评价的理论基础

人在认识世界、改造世界的同时，从来都不会忽略对观察、研究对象的评价。只有通过科学的评价，才能够显现“之于人”的价值。“之于人”不只是对于个体的人而言，从某种意义上，更突出对整体社会的影响。也就是说，通常我们在对目标对象进行评价的时候，更多地考虑对“大家”或者他人的影响。那么，如何才算得上是科学的评价？根据科学的理论，运用科学的方法，多重价值全面审视，是对评价科学性的基本保证。不同事物间存在的差异，是运用不同的评价理论的基础和根据，思想政治教育仪式显然也具有其特殊性，在对其特殊性的把握过程中，思想政治教育仪式评价的基本理论框架也被建构出来。

世界上所有的一切，都处于变化中，甚至说，静态象的“完结”都是变化中的一部分，思想政治教育仪式也是如此。这与我们通常对仪式的印象是有出入的，在某种程度上，我们有时会觉得仪式是为了使某些东西保

持不变一样。但是从研究分析和评价的角度上，这种“变化”则更为自然。因为人们总是怀揣相异的愿望，抑或是不同的目的性去审视仪式。随着时间跨度的延伸，仪式自身也在发生变化，有时是结构的，有时是象征意义上的，又或是同时的。但从整个人类社会来讲，思想政治教育仪式属“人”的特质不会发生偏移；也就是说，在有限定的范围内，属“人”可视为一种相对固定、稳定的属性。这就意味着，在不断的“变化”中，我们找到了一点相对“不变”的根据，这为思想政治教育仪式提供了某种“定位”，同时也对思想政治教育仪式的评价设定了最基本的限制。

基于人类社会的仪式的属“人”特质，决定仪式是由人的主观能动性“创造”出来的。同时，这种人为主观能动力所给予仪式的多样性非常复杂，也就是说，很难利用一套评价标准去衡量各种不同的仪式。即使是在思想政治教育仪式内，仪式的差别也可能十分明显。这不仅由于不同仪式间的向异性，而且在人的参与也对仪式的作用的发挥产生决定性的影响。所以，在严格意义上讲，存在三种评价适用的指示：一是评价仪式自身的适用性、可靠性等；二是评价人在运用仪式时的发挥及效果；三是从整个社会的角度，考察仪式在社会内部运行的成效。显然，前面两点必须结合在一起，才算对某一种仪式的综合评价，毕竟我们无法脱离仪式去看待人的主观能动性，或者是脱离人的操演去看待仪式自身的科学性。而第三种评价则指向考察整个社会，也就是说，一方面，要评价思想政治教育仪式在社会内部发挥的作用；另一方面，要不断及时地测评、整合社会系统中非此仪式以外的社会组成部分对仪式本身所产生的影响。我们可以发现，这是很难在一套理论系统中一并完成的。也就是说，即使我们可以用一套理论去评价仪式在社会中的运用，也很难辨清到底是仪式发挥了作用，还是社会系统中其他部分的变化所产生的影响，而事实上，这些影响也会直接影响思想政治教育仪式在社会系统中的意义，甚至是彻底改变。

纵使是“模糊不清”的评价，也并不能否定评价对于思想政治教育仪式的意义。客观地说，正是由于马克思主义对“认识”的认识，对于我们来说，最明智的检验、评价的方式，是通过实践。同样，“模糊不清”只是在表示复杂的程度，而“复杂”是由“简单”构成的。我们可以通过对“不确定”的确定，来分析思想政治教育仪式的评价。

对于研究仪式的评价，诺特尼鲁斯（Knottnerus）提出较为具体的测评的指数理论。他认为可以通过对仪式在社会内的凸显性、仪式在社会内的重复程度、仪式所传达的价值观念在社会内得到强化的程度，这几个参数来考量、评价仪式。可以看出，诺特尼鲁斯研究的重要意义在于，符合上述中第三种评价指向，即在大社会的视域下，进行对仪式的评价，其参数的设定是可评估的。更重要的是，这种评价机制所考察的对象不只是个体的人，抑或者少数群体，而是将社会视为一个整体来进行，除此之外，小群体如何接受仪式中的价值同时也变得清晰可辨。由此也形成了一种仪式对社会群体划分的独特视角，从社会整体的运行到小群体的采纳，再到个体人的日常仪式化行为，人主体性的多层面可以被充分展现。介于此理论在大社会范围的适用性，所以思想政治教育仪式应该也在其设列。

也正是如此，给予思想政治教育仪式一个科学性的支持。在逻辑上，思想政治教育是将一定的社会价值、观念主要通过教育的方式，传达给全体社会，而思想政治教育仪式正是将这种社会价值、观念，通过仪式的方式在全社会范围内进行传播，当然这也包括在国际环境中产生影响，如外交政治、政治合法性等问题。在这个过程中，实现了几个同一的一体化，即思想政治教育与思想政治教育仪式的一体化；思想政治教育仪式与思想政治教育中的价值、观念诉求一体化；思想政治教育中的价值、观念采纳的同一社会化。而在思想政治教育仪式理论内部，对于其评价的部分也科学地嵌入在内。

现代思想政治教育仪式是做“育人”的工作，这并不表示只像“把知识传授给学生”一样简单，其运行机制的科学性对思想政治教育不断地创新提供了无限的可能性，所有的这些“可能性”应该是建立在可行性的基础上，是动态进行的过程，简单来看，可以是一种手段，又或是一种策谋、谋略的展示。所以，思想政治教育需要借助有效的手段不断加以调控，从而使之不断得到改进与完善。思想政治教育仪式之所以是有价值的，就在于对思想政治教育仪式的估评和评估内容。通过各种方式、方法发挥和体现思想政治教育仪式价值，发扬光大，影响更多的人，并被更多的人认同和好评，这是我们的目标和方向。因此，眼前的工作是使得教育仪式产生更大价值，并通过思想政治教育仪式评价，为人们所把握、所认识。这是相辅相成的两个方面，不可偏废。

二、现代思想政治教育仪式评价的不确定影响因素

（一）主体对仪式的参与程度

仪式是主体的仪式，也是主体能动性的展示。仪式为传播观颠覆传统观念开辟了新的视角。客观来说，思想政治教育要取得效果，最重要的一点是突出其中人的主体性，这种主体性的凸显不仅存在丁人的主观能动性和“以人为本”的原则机理上，而且还在于凸显思想政治教育中对人的主体性的“矛盾性”导向，即思想政治教育在某种程度上，是要抹杀人一定的主体性表现，从而实现对精神世界的一种“掌控”，以至于达到社会控制的作用。

显而易见，仪式作为一种传播方式，可以很好地胜任其职。而不同于传统的传播观念，仪式的传播力不仅体现在传播的功能上，而且还在于其本身就是对传播研究的新拓展。

正如上言，思想政治教育在某种程度上存在一个人的主体性的“博弈”，而为了使得这种“博弈”顺利地达成一个平衡状态，可以通过仪式

的手段来完成。我们都知道，一直以来学界对意识形态的评价，主观上带有贬义的情调，是因为意识形态带有精神控制的意味，有反于人的意志自由，而事实上，无论人类历史中的任何一个阶段，任何政权、势力都不排斥对意识形态的控制，相反作为基础工作中的重要任务，特别是对社会主义事业来讲，解放全人类的期许并不只体现在社会制度、社会关系等方面，还在于人思想上的解放，而思想政治教育正是因此而存在的社会历史发展产物。所以，在整个文化视野里，意识形态是有别于其他的，特别是在传播的角度来看，在于思想政治教育要使社会意识形态表现为人的主体性被淹没。在“传播”看来，仪式中的信息传播，并不是双向互动对称的，正是这种信息不对称完成了对精神领域的控制过程。这种信息不对称的现象，并不是产生于参与其中的人，而是我们都很清楚的“国家符号”与普通参与者之间的。而“国家符号”的正当性则是通过社会主义国家“人民”的名义来体现，从而实现国家层面上的对立与统一。所以，片面地说思想政治教育仪式是有反与传统传播的，是不正确的，更大意义上是建立了一种传播中的秩序，或者有序化。

众所周知，中国自古以来的传统理念存在人与自然的和谐元素，在相当大的程度上，促使我国“改造世界”的进度滞后于一些文明国家，从而导致近代以来，中国历史上灰暗的一页。这并不是在评断是非，而是除了说一个国家的科学发展观以外，还解释了为何充斥传统仪式的古代中国产生了近代历史的命运。同样验证了仪式在文化传播，甚至在人的精神领域中的有序化控制。

思想政治教育仪式带有鲜明的“国家符号”，是国家引领主流意识形态的具体展现，这意味着，思想政治教育仪式具有某种精神上的“特权”，即国家权威的展现，这促使思想政治教育仪式具有某种程度的强迫意味。然而，“强迫”使人去接受、采纳，可以是一种策谋、谋略性的处理和应对，但在现代文明的今天，是不容许存在“强迫”必须参与思想政治教育仪式要求的可能性的。毕竟，不参与思想政治教育仪式并不会受到法律的强制制裁。所以，对于思想政治教育仪式在社会内部的参与程度是一个“弱”控制力的变量，将其设定为思想政治教育仪式的评价参数是十分有必要的，也是从社会人参与现实的行为上，判断某种思想政治教育仪式是否可靠。

（二）仪式在社会上的重复程度

现代思想政治教育仪式一定是可以复制的，复制的意义不仅存在于对社会广泛上的“宽度”，而且还在于仪式自身上的“深度”。这体现在的方方面面，任何国家、社会、组织，甚至家族、个人，都有仪式的习惯和传统在延续。其中主要的是仪式的意义是在过程中逐步完善，所以重复性是仪式教育的重要特征。

从“宽度”上讲，仪式的复制具有社会在一定程度上的整合意义。思想政治教育仪式中必然是充满符号的，这些符号可能来源“能指”的本身，但更多是源于“所指”的含义，而且在一套象征体系中，象征意义的丰富、多样，才是一个“系统”的结构层次表现。这些不同的象征意义很多是模糊不清的，因为仪式毕竟不受语言不同，或者语言自身表达上的限制，所以这就导致它们可能处于人的亚意识层面，而仪式系统的整合能力能够将它们提升到一个新的意义上去。这正是仪式“神奇”的地方，就是说仪式往往是超脱出“话语”的限制，从某种程度上，甚至是“故意”为此蒙上一层模糊不清的神秘面纱。并不是任何的混沌，或者模糊不清就是不科学的，或者理论层面存在偏漏的，如此的仪式存在一个特殊的长处，就是可以相对于明确的政治宣言，对于不同的价值体系有更强的包容性。我们甚至可以说，即使你不是全部、十分的赞同，但你可以理解、支持其中的某一部分，而这正是对社会这个复杂、庞大集合体的包容性整合。在人的认同层面，“归属感”发挥重要的作用，将不同的认识集合在一起，纵使是出于人自身的“安全感”的自然需求，不可否认的是，“归属感”可以左右普通的认识，形成认识上的“认识”，即认同。思想政治教育仪式的复制是这一系列连锁反应的表现、表象，这是一种社会自身的需求使然的，而在这个复制、重复的过程中，仪式自身完成了“深度”上的整合；在更具有“宽度”的意义上，容纳、包含更多的价值和价值的渲染方式，从而完善自身在“认同”上的作用。思想政治教育仪式可以使社会成员体会超越自身现实身份、地位、阶层，甚至认识能力水平的体验，这促使社会成员产生更多符合社会期许的愿望与自身诉求，在一个社会内容的动态发展中，这同样可被视为一种具有引导的、秩序的整合。换句话说，思想政治教育仪式可以如同一种“虚假”的体验盛会，来塑造社会成员的内心期许，但是它在“真实”的程序上、形式上、物质上和人的行为上的“痕迹”将成为促使他们对内心期许追求的动力。

所以，思想政治教育仪式在社会内的重复程度，可以作为评价现代思想政治教育仪式的重要指标。这种重复程度的展现，是思想政治教育仪式在“宽度”和“深度”层面上的整合过程的表象。而这种整合过程，不仅体现在仪式使得社会内部产生更大的“认同”空间，而且还是这样的仪式在社会内部被认同的一种重要表现。对思想政治教育仪式在社会内的重复程度进行评测，可以直接评价出这种思想政治教育仪式是否正确。

（三）仪式所表达的价值观念在其他社会领域得到强化的程度

价值与观念对于个人的主观能动十分重要，因为它不仅是现实层面可以支配个人对于选择的抉择；而且它所营造的个人对待事物的态度，会对个人反应的程度造成影响。所以，价值与观念对个人是十分重要的，不仅如此，对于整个社会中的价值和观念来讲，将成为生死存亡的重中之重。因为众所周知，往往越是庞大，或看似伟大、不可撼动的大厦，都是从其内部开始慢慢腐朽的，而对于一个政权、势力来讲，当社会成员的价值、观念与倡导的主流意识形态发生偏移时，就是亮起红灯了。所以，对于社会内的价值观念的引领是非常重要的，而思想政治教育仪式正是进行这项事业的具体实践，值得注意的是，与影响个体人的价值、观念不同，小的群体及大的社会中的价值、观念则更为复杂。仪式对于个体和群体及社会的价值、观念的影响之间是具有差异的，也就是说，一种现代思想政治教育仪式的展演对于个人价值和观念形成的影响并不一定同步于小群体或者是整个社会，这种影响大多是期望所具有的价值观念在个人、群体、社会中被强化。仪式之于个人的影响相对于群体的、社会的是较鲜明的、具体的，而之于群体的、社会的还需要群体的、社会的结构性功能综合发挥作用，大部分时间表现是模糊的、混沌的，甚至是无意识的，只有在价值、观念上表现出极为尖锐的矛盾时，群体的、社会的价值与观念才会达到空前的同一，如历史上的民族矛盾。

从某种程度上讲，仪式从个人主体性凸显，进一步到在社会内的重复程度，这是一个从个体到小群体再到社会的跨度，而这其中一直都脱离不了对于价值、观念的影响。特别是对当今的中国来说，转型期的设定意味更大程度、更多可能性的个体、群体在价值和观念上的转变。所以，对仪式在价值和观念上的强化程度进行评测，可以作为评价思想政治教育仪式有效性的重要指标，一方面，指向对社会成员心理上的测评；另一方面，则指向思想政治教育仪式的社会化程度的测评。

总的来说，对于思想政治教育仪式的评价设定的这几个参数，是具体进行评价操作的根据，这并不意味除此之外的其他因素不能够展现思想政治教育仪式的意义，也就是说思想政治教育仪式应该与社会结构中其他组成部分适配在一起，从社会整体性的角度出发，才能够较为全面地对思想政治教育仪式进行评价，如同上述中设定的三个参数，事实上分别更贴近于传播学、社会学、心理学上考量。“社会”不可否认是极为复杂的集合体。不过这并不影响上述对思想政治教育仪式评价的科学性，也可以这样理解，正是有如同思想政治教育仪式的评价理论，才使社会这个复杂的集合体变得些许清晰。

三、现代思想政治教育仪式评价的结果与分析

对事物的评价无外乎这几种可能，肯定的意义、否定的意义、介于之间趋向肯定的意义、介于之间趋向否定的意义。对于思想政治教育仪式的评价结果同样不会超出这样的范围之外，但是“结果”并不意味这种思想政治教育仪式的结束，相反是在实践与评价结果的分析中，不断提高思想政治教育仪式的科学性，增强思想政治教育仪式评价体系的科学性与效率，完善思想政治教育仪式的设计与评价，在实践中总结经验，提升一般规律性的认识。

那么，如何去衡量思想政治教育仪式到底是肯定的意义、否定的意义、介于之间趋向肯定的意义、介于之间趋向否定的意义的评价？这需要一个客观、科学的评价体系才能够完成。在上述的内容中，思想政治教育仪式的评价可以设定为三个基本评价参数，即主体对思想政治教育仪式的参与程度、思想政治教育仪式在社会内部的重复程度，以及思想政治教育仪式所表达的价值观念在其他社会领域内得到强化的程度。这些参数的设定，对建立思想政治教育仪式的评价体系具有指导意义，其科学性的含义在此不再赘述。但是同样也带来了问题，就是如何确保思想政治教育仪式评价体系的科学性。这不仅是单一学科可以解释的问题，也是统筹兼顾人文社会科学中众多学科的研究，甚至是自然科学中的信息技术、生物科学也占有一席之地。也就是说，评价思想政治教育仪式，可以在多重研究视角与维度中进行。同时，这样建立起来的庞大研究评价体系具有更多可利用资源，如马克思主义理论、社会学、心理学、传播学等，甚至说，

对于思想政治教育仪式的整体性研究本身可以为众多学科开创一种新的视野。

思想政治教育仪式是属人的范畴，所以无论是仪式的展演，还是评价过程，都不能脱离人的主体性本位。作为思想政治教育仪式的设计者、参与者、评价者，人在其中所担当的角色是可以不同的，或者可能存在互换。由于人在接受仪式所传播的信息时，主体性可以创造无限的可能性，所以意味一种可能性的存在，就是思想政治教育仪式对于每一个具有主体性而言的人来说，都是不同的，如接受不同程度的信息、不同的设计与演化、不同的价值评价等。所以，对于思想政治教育仪式中的评价来讲，“谁评价”变得不那么重要，重要的是如何引导评价后的行事。

基于社会本身对秩序的需求与国家层面对主流意识形态的掌控，当前的思想政治教育仪式的设计与评价是有明确指引的。首先，思想政治教育仪式的设计与评价，必须坚持以马克思主义理论为指导。马克思主义理论是完整、系统、科学的世界观与方法论。以马克思主义理论为指导，将避免思想政治教育仪式重新陷入唯心的、神秘主义等片面、偏激的方向上去。马克思主义理论揭示，我们不再需要任何牛鬼蛇神的庇佑，而是由全体人民来共同开创国家文明的新篇章。其次，思想政治教育仪式的设计与评价，应从社会整体性角度考察。社会的整合总是既存在聚集的向心力，又存在向外的张力，这种多重力量的综合，表现为社会的发展和整合。思想政治教育仪式的设计与评价，不排斥多向度的延展，还可能存在某些欢娱的元素，如某些节假日庆典中的玩乐，甚至可以在游戏中体现；或者存在一些传统守旧的元素，如农耕文化、一些少数民族文化等。最后，思想政治教育仪式的设计与评价一定是符合国家主流意识形态需要的。虽然，人们日常生活中的仪式化行为已经渐入思想政治教育仪式的讨论范畴，但并不表示这可以存在毫无限制的随意性；社会主流文化逐渐向多元化转变，也不意味着思想政治教育仪式服务于非主流的意识形态。如同与人的行为总是伴随主观目的性，思想政治教育仪式作为一种人类的社会实践活动，对其进行的设计与评价也必然与思想政治教育的目的性相符合，即服务于人民、服务于社会主义事业。

第七章　思想政治教育仪式技术化下的再生产程序与模式

思想政治教育仪式的科学定位，以及它的历史形态、基本结构与核心内容等问题，是当代思想政治教育研究中的重大的实践性的理论问题，关系对思想政治教育的价值、途径与社会功能的理解。因此，本书在审视思想政治教育与思想政治教育仪式的逻辑契合性的前提下，较为全面地检视了思想政治教育仪式的可能性与可行性的问题，坚持以马克思主义的基本立场、观点和方法展示思想政治教育仪式的目的、本质、属性，进而在揭示和批判当代思想政治教育仪式的狭隘性、工具性与矛盾性的基础上。

归根结底，思想政治教育仪式是一种建构在意识形态的控制与接受之间的中介方式，或称为“象征载体”。那么，这个“象征载体”的存在是否有效，即如何通过特定的思想政治教育仪式的设计与执行而实现主流意识形态控制与社会认同培育的一体化。为此，思想政治教育仪式并不是静态的象征符号，而是动态的“控制艺术”“权力技术”的综合。我们将此称为思想政治教育仪式的技术化。在这里，面向思想政治教育仪式的历史使命和现实抉择，通过怎样的技术化才能真正产生“剧场效应”，达到在“肯定性”主流意识形态与“否定性”社会思潮的交锋中，推进经济生活、社会生活与文化生活在政治过程中的不断展开，这就需要具体的再生产程序与模式。

意识形态仪式技术化的再生产源于社会学理论的宗教力的定期性生产

与再生产的设想。涂尔干认为在人类社会生活中，宗教力作为统合人类社会的集体力量和道德影响力的表现方式是需要一定的载体或形式才能实现的，而这种载体或形式概括起来就是仪式。仪式可以组织并强化“宗教力”，并且持续地在实践中使之规律性地呈现。宗教力作为一种特殊的意识形态，证明意识形态是可以通过仪式而定期性地生产和再生产。那么，仪式的设计、组织和实现过程也就成为这种生产与再生产的技术化手段，并在经验世界中程序化和模式化。当仪式完成了从“宗教世界”向“世俗世界”的转向后，服务于过程的技术化手段的再生产程序与模式也就完成了从特殊到一般的跃升，即服务那种以增强神祇与信徒之间依附性关系的特定方法被以意识形态的接受、认同与共识为主要控制目标的个体对社会的依附关系的一般方法所取代。在这里，随着现代社会科技水平的不断提高，原本以语言、学说、思想等为内容的精神渲染与感情裹挟手段也逐渐实现“科技化”。无论是语言的组织形式、思想的宣传形式还是话语的传播形式都在科技革命的倒逼中实现技术性的社会变革与技术化的文化传播交互影响、层级演进的趋势。正是在这个意义上，把科学技术的发展有效地运用到思想政治教育仪式之中，不断改进思想政治教育仪式的程序与模式，对提升思想政治教育仪式的实效性有非常重要的现实意义。以此为参照，有助我们进一步深化对思想政治教育仪式问题的思考与认识。具体而言，这主要包括以下几个方面。

一、思想政治教育仪式的实质内涵是价值观的再生产

在马克思主义人学视域中，人既是思想政治教育的起点，又是思想政治教育的终点，人构成思想政治教育得以存在和开展的根本。对于人的本质的科学认识决定思想政治教育的本质属性和基本特征，是科学理解思想政治教育的文化属性的学理依据。在此基础上，科学选择思想政治教育仪

式的内容、载体和方法，不断提高思想政治教育仪式的实效性具有重要意义。众所周知，思想政治教育的根本属性是其文化性，人类社会的文化实践是持续发展的产物，文化的再生产在一定程度上是支撑社会运行的重要动力之一，这也是文化具有自我生产、参照、超越与创造等“自创生式”的生命现象的依据，而“这种自我超越、自我批判和自我创造活动，也是文化本身内在生命活动的固有需要。文化生命以自我创造为其基本的表现形态，同时也是靠自我创造作为其存在的基本动力。如果说，自然生命可以靠不断维持其自身的特性作为其生存的基本需求的话，那么文化就永远不会满足其自身所已经具备的特性而维持其生命；文化总是要靠其自身的内在生命的不断更新和自我扩大才能生存下来”❶。之所以“文化生命”现象得以存在，是因为文化具有再生产性，或言之，文化的存在与变迁、形成与发展、成熟与衰落不是偶然的社会事件而是文化在社会领域中所形成的再生产模式的必然结果。任何一种文化都需要“可重复”的实践活动实现自我并维持相应的平衡状态。这就是文化的再生产模式。这种再生产模式在日常运行与向上运动的过程中产生特定的文化形态、文化制度并从文化维度推动社会制度的向上运动。当然，文化的再生产模式是一个历史性范畴，必须从长时段的历史结构中理解具体的文化生产过程的情势与事件。在这里，文化再生产模式实际上包括两大主要途径，即文化的复制与文化的创造。文化的复制，不是对文化内容进行形式化、标签式的机械转移，而是在文化不断地再生产中将显著的文化内容或特征加以继承的动态过程。从文化社会学角度，这种复制是文化的自我生产、革新、超越与创造的经验基础与创新依据，其支撑了文化结构的新旧交替，决定了社会文化资本的积累与增值，进而为文化形态的创新奠定基础。在文化的复制过程中，创新性因素在不断积累，这包含了量的累加与质的跃升。当这种累

❶ 高宣扬. 布迪厄的社会理论［M］. 上海：同济大学出版社，2004：30－31.

加和跃升达到结构性、系统性的临变点时，文化的复制就以文化的创造的面貌出现了，而作为主要的推动力量，技术向文化的植入将主要影响这一过程的质变，是社会文化生产水平发生飞跃的重要途径。

作为文化再生产的思想政治教育仪式，其中心议题和主要内容是价值观的再生产。一般而言，价值观主要是人们对价值问题的根本看法，是人们心中的深层信念系统，一般来说，它包括对价值的实质、构成、标准的认识。有的学者指出："价值观既是价值认识的科学化，又是价值观念的系统化。它广泛地存在于社会生活中，往往根据不同主体的认识兴趣和认知能力形成错综复杂的观念范畴。"[1] 正因为如此，价值观必然表现为一个多层次、多维度的系统，"是经过抽象、提取，在理性思考基础上形成的基本观点、基本态度和方法"[2]；而不同的价值观存在广泛的分歧与斗争，这就是产生了价值观内部的个别反思与相互批判的活动，这一活动的结果就是确立核心价值观。顾名思义，在价值观内部的多层次、多维度的价值观体系中，核心价值观是居于主导地位、发挥支配作用的基本观点、态度和方法的综合。在很大程度上，核心价值观集中反映了特定社会中的基本价值认同与普遍认可并得以执行的价值标准。从价值观所展现的人类社会的发展历史来看，核心价值观往往代表的统治阶级的意识形态并由其支持、倡导并保证实现的具有优势地位的价值观。在现代社会中，社会生产力的不断提高不仅解决了人的物质需求问题，而且使得人的自我认知与评价发生了质的变化。在价值观层面上，这种质变直接表现在人的主体意识的产生与强化。历史上，这种强化曾经产生了颠覆传统的自由主义价值观，并塑造了以其为核心的资本主义价值体系乃至文化传统。但是，自我意识的增强是一把"双刃剑"，在增强核心价值观的社会凝聚力的同时也在排斥其他价值观的合理存在，遮蔽自身的明显缺陷，从而加大与价值观

[1] 亓光．激辩中的政治价值［M］．南昌：江西人民出版社，2016：4.

[2] 陈宪政，宁玉民．对价值观基础的阐释［J］．北京青年政治学院学报，2002（4）：45.

在社会生活领域的裂隙，带来了社会稳定等方面的隐患与弊端。正因为如此，健康的社会发展应该高度重视核心价值观的生产与再生产，使之符合社会发展的内在需要。

众所周知，仪式是一种旨在获得社会主体认同的社会化的行为活动，这就决定仪式对人的价值观具有持续塑造的功能。这种持续塑造功能具有明显的再生产性，即“通过仪式”，不同层次与维度的价值观可以在特定仪式的规范性操演和重复性行为中得以实现。核心价值观作为价值观的典范，历来是仪式所要维系、彰显与强化认同的主要对象。为此，仪式必然需要从具体国家的特定历史文化传统的精神资源的挖掘入手，发现或建构与现实生活紧密相关的情感互动与人文导向。在支配性意识形态的体系中，能够具有广泛联结能力的仪式，一方面，可以实现传统文化的现代再造，搭建层次丰富、形式多样、内容充实、方式灵活的价值观认同体系，充分实现核心价值观的凝聚作用；另一方面，可以有效化解日常社会中普遍存在的理想信念虚无化、价值选择功利化的危机，有利于社会稳定。在我国，积极确立和完善思想政治教育仪式，就是要充分发挥仪式所蕴含的精神内涵和价值导向对社会主义核心价值观的培育和践行具有正向的、潜在的、渗透性的功能，因而可以成为涵养社会主义核心价值观的实践载体。思想政治教育的发生是一个社会过程，它根源于社会发展的深层需求和对这种深层需求满足的社会机制之中。这种需求包括社会对主导意识形态建构的结构性需求和对社会有序运行的运行性需求。同时，社会也创造了满足这些社会需求的社会机制，即社会化机制。社会化机制实现了对社会价值观的导向和主导意识形态的建构，实现了对现有社会思想关系的再生产，提供了实现这些目标的社会力量。概言之，思想政治教育仪式的本质既要体现经济基础与上层建筑、思想活动和物质实践的统一，也要体现教育的主体与客体、内容与形式、过程与结果、生产与消费、矛盾的源与流等诸多范畴的辩证关系。基于综合的、辩证的和统一的分析，思想政治教育仪式在本质上是以受教育者获得以核心价值观认同为根本指向的思想政治素质养成的再生产模式。

二、思想政治教育仪式受物质生产力发展水平的制约

思想政治教育仪式存在于具体的社会结构中，并发挥保障社会结构稳定与社会运行顺畅的作用，与此相应，思想政治教育仪式始终受社会结构的总体及其他子系统的影响与制约。马克思主义认为，经济基础决定上层建筑。在人类历史中，社会结构是思想政治教育仪式能否存在、如何存在与持续运行的决定性因素。在很大程度上，思想政治教育仪式始终是社会经济结构变革、发展的产物。换言之，生产力的进步、社会分工的细化、私有制的确立等标示了经济基础的实质与差异，进而在此基础上催生了社会阶级的分化、国家的建立与运行及其他上层建筑的建构与变革，这必然体现在且集中体现在以统治阶级根本利益为核心的支配性意识形态的产生与变化之中。这些是形成思想政治教育仪式的必要性条件与决定性依据。历史证明，在不同社会经济结构条件下，具有思想政治教育性质或功能的仪式不但具有不同形式和表现，而且发展的成熟度与水平也参差不齐。在这里，技术性条件特别是与仪式的形成紧密相关的语言技术等也在不断发生革命性的变化，即思想政治教育仪式的技术工具实现了传统向现代、精英向大众的变革。在农业经济向工业经济转型中，宗教力取代共同体的政治说教，理性主义的经济道德又取代宗教力，就是这种变革的典范与结果。现如今，人类社会已经进入知识经济和信息社会的新时期。在这种特定的条件下，思想政治教育仪式不仅内容已经发生历史转型，而且催生了以网络为主要载体的新技术，这种双重性变革使得以思想政治教育仪式为主要依托和形式的价值观再生产，特别是核心价值观的再生产模式面临转型的机遇与挑战，并直接改变了思想政治教育仪式的传播方式。

以原始社会为例，马林诺夫斯基指出原始社会的知识系统是与低级的文化相适应的，它是通过“象征的力量”和“引导的思维”来表现知识系统。在他看来，原始社会所表现出来的象征主义，首先是为了满足人类的交流，但这种象征主义的功能必须建立在物质工具媒介之上，原始文化之所以摆脱不了“物化”的特征，正是因为自然与文化之间存在一种相互影响与诠释的共同决定关系。仪式符号系统从根本上讲，它是与人类物质再生产和自身再生产有直接或间接联系的，并且是随着时代的发展、现实的需要而不断变化的。只有当仪式符号系统能够借助社会生活普遍存在的文化传统和习俗惯例被充分析出后，这种仪式符号所代表的实际意义才能充分表现出来。仪式是一种特定的意识形态符号，它的形式的静态性必须在其“运行”当中才能为人所知晓与解释。在这个意义上，符号秩序能够得到生产和再生产，是通过解释性规则（意义）、联合规范性规则（合法性）和配置型、权威性资源的使用而实现的。由此，我们可以把此种符号秩序看作一种仪式系统，行动者的本体性安全和制度化结构，是在特定条件下凭借行动主体间的常态性与区域化的交互作用而得以实现，互动模式的例行化使其在时间上保持延续，从而再生产出结构和制度。现代的仪式展演是通过例行化而实现其在时间坐标上的延续的。

在社会文化发展的历史进程中，文化的社会资本的积累起了基础性作用，技术的进步不断增加知识的总量，同时提高文化传播的速度并且积累文化方面的社会资本，进而决定思想政治教育仪式的再生产程序与模式。在这个意义上，文化生产是以创造观念形态的精神产品为目的的生产活动。具体而言，不同的社会经济结构所进行的文化生产是不同的，这种不同绝不仅是内容形式的现象差别，而是由社会生产方式所决定的本质差异。正因为社会结构对文化生产的决定性作用，故而社会结构的不同形态必然要有与之相应的文化模式的配合。在这种配合过程中，文化生产自我，引发超出文化自身的更为广泛的社会实践，而它们充满了不确定的变化性与确定的变迁性。正因为如此，社会结构决定文化生产，文化生产影响甚至诱发更为广泛的社会实践，最终这些实践的结果是社会结构的再造，由此完成文化的再生产、社会结构的再生产与一般社会实践的再生产的有机统一。那么，在这种总体性的再生产体系中，其他任何一种再生产模式都会引发与之相应的思想意识和公共精神的文化生产。在这里，主要的工具性方法以主体为标准，分为人体内在资源的使用与人体外在的资源利用两大方式。相对于人体内在资源的使用，技术性革新是人体外在资源利用的典型。笔者认为，技术本质上是人追求自身能力而不断拓展的一种表现，是人们改造自然的活动，具有“人为”和“为人”两重属性，它始终是围绕人来进行的，与人文有密切的联系？在人类社会的不同历史阶段，在代表该阶段的主体行为方式与社会发展水平的基本要素中，文化精神特征是不可或缺的。历史证明，科学技术的革命性变革不断拓展社会主体的认知内容、知识范围和精神层次，有助文化理解的不断深化，有益内容和形式的价值性创新。尤其是当代科技发展日新月异，相应的文化形式不但纷繁芜杂而且多有模糊交融之处，加之某些特殊的文化符号的自我陈设与传播流行，推陈出新的速度甚至要相应对象的解释。技术进步确实带来了知识总量裂变式的攀升，这无不昭示技术进步与文化传播，尤其是思想政治教育仪式的协同发展、共同发展的基本态势。

技术革新的重要后果之一是社会文化再生产的能力得到明显的提升，受此影响，思想政治教育仪式的组织者和运行机构得以组建或再造，利用或者接受技术革新的社会主体在文化生产中往往成为文化再生产的新主体，并因此而提升参与文化生产的能力，参与者的素质得以优化、参与者的数量亦然随之增加。这形成了由技术进步催生的社会文化加速转型。特别是现代科学技术的迅猛发展，对文化发展已产生了革命性的改造，文化发展的格局随之一新，影响文化发展的资源形式更为多元，文化发展的创新机遇不断增多。在这一过程中，凡是僵硬守旧的文化形式因其无法利用甚至难以适应此种技术变革，而逐渐被边缘化进而面临被“淘汰”，个别文化形式还会因为这一方面的不适应而加速自己消亡的速度。由此可见，技术革新对于文化的发展变化是具有普遍影响的。当然，这些影响并不都是直接发挥作用的，但无论怎样现代科技的进步并不仅仅只能对社会文化生产与再生产发挥作用，并非文化总量扩容的一种手段，它还在不断培育甚至缔造新的文化生产主体，并进而直接影响特定历史阶段的生产关系的改善、改革与改造。而与强大的文化生产能力相适应，社会的风气和结构也会发生相应的变化。当前，人们越发意识到文化生产的价值与作用已经成为搭建在国家的硬实力与软实力之间的重要“桥梁”，“硬实力和软实力之间通过相互作用，有时硬实力可以产生软实力，软实力可以推动硬实力的发展。因此，任何国家都不能单一地运用硬实力或软实力，而应灵巧运用可由本国支配的政治、经济、军事、文化、法律和外交等手段，综合运用硬实力与软实力来实现和获得国家的目标和利益”[1]。由此可见，当文化生产特别是知识创新逐渐成为一个国家的核心利益与统治阶级的统治意志时，它就不再是一般的社会活动，而成了国家的意志与行为，而当其以制度化安排的面目出现时，社会稳定、国家认同、民族团结、文化繁荣等特征构成国家价值观就会出现，这是国家凝聚力即国家的“巧实力”。所谓国家凝聚力主要是指一个国家对其国民所产生的吸引力和向心力，这种凝聚力既是一个国家维持国家的存在抗击国家分裂行为的巨大精神力量，同时又是一个国家凝聚每一个国民个人的力量，并且使之成为促进国家发展的合力。一般来说，一个国民从出生到死亡的过程，既是一个不断地“人化”的过程，更是不断接受各种文化成为一个社会人的过程。从历史来看，一个国家的国家文化，是这个国家的国民在实践过程中形成的，国家文化的组成中，既有反映这个国家当代社会经济与政治的成分，也有这个

---

[1] 洪晓楠，李琳. 约瑟夫·奈的“巧实力”理论及其对中国的启示［J］. 江海学刊，2014（3）：56.

国家长期形成的、独特性的、以价值观为核心的情感、信仰、习俗等行为方式和规范模式。国家文化中这些精神层面的东西，构成一个国民思考、处理问题的根本出发点，在这样一个基点上，国民共同的思想意识能够成为他们对所处的集体、国家的认同，正是这种认同产生国家的凝聚力。在工业文明以前，文化力在综合国力中的作用并不显著，但在人类社会进入知识经济时代以后，科技和教育的水平直接影响综合国力的提升。受此影响，国家文化实力的重要性与日俱增。综合观之，国家文化实力对综合国力的影响主要有两个基本方式：一个是国家文化自身的向前发展，尤其是这其中的知识性要素的发展，能够直接促成综合国力的提高；另一个是国家文化力作为一种渗透作用力，通过渗透作用影响其他综合国家构成要素的表现程度。对于这种现象，马克思主义鲜明地提出，能够反映时代发展方向的国家文化，也就是我们所经常讲的先进文化，对综合国力的提升有促进作用，那么不能反映时代发展方向的国家文化，也就是我们所说的落后文化，则会对综合国力的提升产生抑制作用。在综合国力系统中，作为基本支撑力的文化，其最基本的功能之一是社会遗传功能，通过教育和包括象征符号在内的各种媒介的作用，使人类积累的各种知识、经验和精神能够得以世代相传，从而使在这个过程中初生的、自然的“人”能够得以“入化”成为社会的人。如果没有文化的这种功能，那么人类的文明进程也就会停滞。作为思想政治教育仪式的文化，尤为集中地体现国家文化力最基本的一个作用，也就是能够通过国家文化的传递功能，使特定国家的国民得以知识的提升和精神的熏陶。

三、思想政治教育仪式是社会文化生产与再生产过程中的政治认同模式

布克哈特指出：“一个伟大民族，一个以自己的文明、成就和财富与

现代世界生活紧密结合在一起的民族，尽可以不去理会别人对自己所作所为的指责和辩护。无论是否得到理论家们的认可，它都会继续存在下去”❶，这也正是大国与强国的分界之处，而思想政治教育仪式的存在最高形式为了培育和延续中国共产党领导下的社会主义中国的高度认同。这种高度的认同，在思想政治教育仪式的层面上，究竟是什么呢？换言之，是否只能停留在文化认同的层面来理解思想政治教育仪式的价值和功能，这又是一个值得思考的问题。

一般认为，将传统仪式进行文化再生产，才能够使之更适应当前认同模式，从而使仪式真正成为人们文化认同达成的交汇点。同时，现代文化符号系统的进一步再生产，能够进而实现一个地方文化认同的构建。从某种意义上说，这也是思想政治教育仪式的变迁过程，伴随这一过程的正是现代文化认同。诚然，仪式是文化的有机组成部分，其文化传承、践行与整合功能，的确在思想政治教育工作中发挥着重要的作用。在很大程度上，无论何种性质的仪式，其最基本的特征是一种文化实践，其特殊性在于仪式在文化生产中的具有整体性、整合性、整全性，它必须观照能够共享的文化表现形式，必须整合分散的文化认知和行为，必须在更为全面的层面上改造个体文化的私人性而实现其公共性。然而，笔者认为，此种共享是一种特殊现象，其整合的过程和内容也不同于一般的文化性整合，而是指向公共性这一特殊的对象与目标。换言之，思想政治教育仪式所实现的文化认同是一种政治性的文化认同，是围绕权力的生产和再生产所占的价值观认同，即一种社会文化生产与再生产过程中的政治认同模式。

公共性决定思想政治教育仪式的政治认同模式的判断，那么思想政治教育仪式所面对的公共性的判别是一个关键问题。西方政治学说中，公共

❶ 布克哈特．世界历史沉思录［M］．北京：北京大学出版社，2007：138.

性是一个特别抽象与神秘的命题，是维系政治领域存在的一种“特殊”力量。但是，马克思主义认为政治生活的属性都必然是这种政治生活的经济基础和阶级关系所决定的。在这里，正是因为人类是在各种各样的共同体中生存与活动的，所以公共性并不神秘，它是对人在实践活动社会属性的概括，其体现的是社会生活共同体内部关系的平等交往倾向，是揭示作为个体之人必然是社会主体的同一性标准。公共性集中体现在人类公共活动领域之中，体现了人与人之间的相依性。

站在历史的高度，公共性与公共领域相关，而不同社会制度下的公共领域指具有形式之共同性，而本质差异明显。为了弥合和消除这种本质差异带来的公共领域缺位，就必须寻找一定的公共生活方式、发现和解决一定的公共性问题、标明与维护特定的社会公共利益、有效地处理好公共领域与个人领域的现实冲突性。从个体与整体的二分化思维中将公共性解放出来，使之成为连贯公、私领域的纽带。为此，作为社会主体的人们可以而且必然会通过不同的“手段”“方式”“方法”为这种纽带的形成创造条件，在自我价值、共同体价值之间，共同体与共同体之间，“既存的共同体与新生的共同体”之间将多样和广泛的社会关系“整合起来”，不断推动公共性的跃升，进而通过制度化、习俗化，将这样的以公共性为本质特征的社会关系成为一种社会结构与行为的规定性。

为了完成公共性由思维自觉向观念、制度、行为自觉的改造，特别是真正实现公共性的规定性要求，思想政治教育作为一种手段是必不可少的，而这种手段能够在改进中创新、发展中加强则又是必然需要的。在这里，思想政治教育仪式正是这样一种必不可少、必然需要的思想政治教育的创新方式与技术手段。作为面向公共性实现的思想政治教育仪式，是对象的标靶性与功能的针对性的有机统一，即以核心价值观的集体意识产生为目标，以服务于这一目标的技术手段为有效选择的仪式程序是思想政治教育仪式的显性特点。进言之，所谓思想政治教育仪式程序，可以理解为是指人们将某种思想认识、政治理解、行为模式与行为规范内在化和习惯化的一种过程，表现为一定的社会生活规范、风俗习惯、礼节等，当人们以某种社会角色出现时，都将自觉或不自觉地按这种行为模式和行为规范来行事。在这个意义上，思想政治教育仪式的结构与功能是一个整体，它既反映社会认同与共识基础上的社会整合所需要的价值观与集体意识，又能够在现实中实现这些价值观和集体意识的整合性运行，进而以此构建和解决思想政治教育仪式的存续问题。特别是仪式程序是一种价值观整体思维的具体表达，其能够有效兼顾全面与局部、一般与特殊，具有微观渗透的积极功能。思想政治教育仪式要是在这一过程中不断提炼多元文化中的思想政治教育共性，使之服务于核心价值观的认同教育，并借助仪式本身的教育功能实现引导社会文化的培育、发展与融合，以此在增强思想政治教育的文化属性和文化品质的同时，彰显现代社会文化生产所具有的价值观传播意义及其作为思想政治教育有效途径的隐性价值。

当前，我们正在面对正在进行的具有许多新的历史特点的伟大斗争，历史发展的大势、中国特色社会主义建设必然选择，以及不断变化的时代条件与社会环境都为思想政治教育仪式的探索提供历史的选择、时代的机遇与创新的可能。纵观人类历史，西方国家十分善于运用政治仪式等形式塑造自身的“英雄主义”形象进而产生民族与国家的自信，并以此蔑视和打击其他国家特别是后发、异教国家的政治认同。但是随着中国的经济发展水平的不断提升、政治影响力的不断扩大，以及文化传播力的持续加强，需要政治认同实现一种“奇观式”的发展，即不但实现国家内的政治认同而且将这种认同变化为政治同情和理解使之成为普遍意义上的价值观认同或文化认同。有的学者指出：“在现代生产条件无所不在的社会，生活本身展现为奇观的庞大堆聚。直接存在的一切全部转化为一个表象，（而这个奇观的日常表达形式是仪式）……在“这个社会在最根本的方面是以奇观为基础"[1] 的。在这一过程中，思想政治教育应该充分发挥作用，特别是通过仪式这一特殊途径更好地为上述使命服务。换言之，这就要求当代中国在探索完善思想政治教育仪式时应该高度重视其内在建设，即实现这种仪式在内容和形式上的多样性和丰富化。因此，思想政治教育仪式，一方面，接受、反馈和记录来自文化、制度和特殊历史事件等外部环境产生的政治影响；另一方面，通过时间、空间、人员和器物等内部结构的精心安排，成为思想政治权力生产和再生产的重要装置，并在具体的操演过程中以身体控制、情感表达和仪式化等策略实现社会秩序的建构。

我们已然指出，思想政治教育仪式是以权力运行为核心，借助社会文化和价值观的生产与再生产，进而实现与维持特定政治秩序的社会活动。思想政治教育仪式具有特定的目的、普遍的形式和具体的内容，而且是为了特定目的而将纷繁复杂的有待统合的社会中的观念性价值性的因素汇集到一种简单的"点—点"对接的行为过程中的程式化的社会活动。具体而言，这就是利用仪式的情感性实现价值观的情感认同，借助仪式的移情达成核心价值观的认同，凭借仪式的严肃性产生文化认知的自信感。通过这些过程不但对宏观意义上的政治共同体的构建有所助益，而且在渗透与感染的仪式行为中能够建立起日常的话语习惯与生活模式。概言之，思想政治教育仪式是利用政治权力通过此种仪式程序实现和谐包容的社会秩序。进言之，这是一个关联文化、政制、事件三种不同层面的环境因素而实现背景、条件、内容、过程、机制等"点、线、面、体"有机统一的观念网络结构。有的学者正确地指出，"任何仪式都没有'最佳剧本'。尽管精心设计、布局完美的教育仪式可能终究无法达到预期效果，而偶然引发、临时组织的仪式却有可能带来意想不到的教育惊喜。这些即仪式教育的不确定性表现。但根据人类学和社会学的研究成果，对仪式效果的实现过程依

[1] 吴琼. 视觉文化的奇观［M］. 北京：中国人民大学出版社，2005：58－62.

然是有迹可循的”❶。换言之，思想政治教育仪式并不是一种传统的意识形态接受方式，而必然随着技术革新而为不同的政治合法性权威、核心价值观认同与公共性意见养成提供支撑的有效模式，而且能够有效若弱化意识形态硬性传播造成的消极后果。

总之，没有仪式和象征就没有国家，也不存在什么政治认同。思想政治教育仪式只有为了国家的政治认同才具有真正的实践意义。亨廷顿一针见血地指出：“价值、文化和体制深刻地影响国家如何界定它们的利益。国家的利益不仅受其内部价值和体制的影响，也受国际规范的国际体制的影响”❷，在这种背景和条件下，特别应该注重任何可能养成服务于中国最广大人民群众利益、服务于中国共产党治国理政、服务于社会稳定和谐发展及服务于自信的国家身份培育的意识形态传播模式，思想政治教育仪式归根结底是这样一种将党和国家的政治主体性、历史主体性和文化主体性有机整合进而充分实现政治认同的重要手段。

---

❶ 吴超．扬弃与创新：思想政治教育仪式当代发展的再审视［J］．湖北民族学院学报，2017（2）：16．

❷ 亨廷顿．文明的冲突与世界秩序的重建［M］．周琪，刘绯，张立平，等译．北京：新华出版社，2010：243．

参考文献

C. 恩伯，M. 恩伯．文化的变异——现代文化人类学通论［M］．杜彬彬，译．沈阳：辽宁人民出版社，1988.

巴比．社会研究方法［M］．邱泽奇，译．北京：华夏出版社，2005.

邴正．当代文化发展的十大趋势［J］．天津社会科学，1994（1）.

邴正．当代文化矛盾与哲学话语系统的转变［J］．中国社会科学，2011（2）.

邴正．马克思主义文化哲学［M］．长春：吉林人民出版社，2007.

邴正．马克思主义哲学视域中的全球化与本上化矛盾及文化抉择［J］．中国社会科学，2008（2）.

布瑞奇．转变，需要一场仪式［M］．袁容，等译．台北：早安财经文化有限公司，2006.

仓道来．思想政治教育学［M］．北京：北京大学出版社，2004.

曹本冶．仪式音声研究的理论与实践［M］．上海：上海音乐学院出版社，2010.

曹卫卫．论思想政治教育的历史根源与人学基础［J］．宜春春师专学报，1998（3）.

陈国强．简明文化人类学词典［M］．杭州：浙江人民出版社，1990.

陈建宪．文化学教程［M］．武汉：华中师范大学出版社，2004.

陈进国．信仰、仪式与乡土社会［M］．北京：中国社会科学出版社，2005.

陈荣富．文化的演进［M］．哈尔滨：黑龙江人民出版社，2004.

陈少华．文化学概论［M］．上海：上海文艺出版社，2001.

陈万柏，张耀灿．思想政治教育学原理［M］．北京：高等教育出版社，2007.

陈友松．当代西方教育哲学［M］．北京：教育科学出版社，1982.

谌湘闽．詹姆斯·W. 凯瑞传播仪式观研究［D］．南京：中南大学，2013.

程黎. Web2. 0 时代自媒体的仪式传播行为研究 [D]. 郑州：郑州大学，2013.
崔时英. 理想的仪式 [M]. 台北：桂冠图书股份有限公司，2004.
戴焰军. 增强思想政治工作实效性的对策研究 [M]. 北京：中国民主法治出版社，2008.
单中惠. 西方教育思想史 [M]. 北京：教育科学出版社，2007.
邓小平. 邓小平文选：1 卷 [M]. 北京：人民出版社，2011.
邓小平. 邓小平文选：2 卷 [M]. 北京：人民出版社，2011.
董海军，易勇. 成人仪式：从生活教育到政治教育 [J]. 思想战线，2003 (6).
窦晓星. 道德教育的仪式化及传播效果研究——基于常州市大成殿市民道德讲堂的考察 [D]. 南京：南京大学，2013.
范保群，张钢. 中世纪教育的发展与近代科学的兴起 [J]. 自然辩证法研究，1996：(8).
费孝通. 中华民族多元一体格局 [M]. 北京：中央民族大学出版社，1999.
付秀华，王佳. 全球化背景下对跨文化前提的哲学思考 [J]. 长春大学学报，2008：(5).
傅薇. 政治仪式在高校意识形态教育中的作用 [J]. 高教探索，2016 (6).
格尔茨. 文化的解释 [M]. 韩林，译. 北京：译林出版社，2008.
顾友仁. 中国传统文化与思想政治教育的创新 [M]. 合肥：安徽大学出版社，2011.
郭建庆. 中国文化概述 [M]. 上海：上海交通大学出版社，2009.
郭净. 心灵的面具：藏谜仪式表演的实地考察 [M]. 上海：上海三联书店，1998.
郭祥超. 关于我国教育本质研究认识论的反思与重构 [D]. 西安：陕西师范大学，2005.
郭于华. 仪式与社会变迁 [M]. 北京：社会科学文献出版社，2000.
国务院新闻办公室会同中央文献研究室，中国外文局. 习近平谈治国理政 [M]. 北京：外文出版社，2014.
哈贝马斯. 交往行动理论：论功能主义理性批判：一卷 [M]. 洪佩郁，蔺青，译. 重庆：重庆出版社，1994.
哈贝马斯. 交往行为理论行为合理性与社会合理性：一卷 [M]. 曹卫东，译. 上海：

上海人民出版社，2004.
哈贝马斯. 交往与社会进化［M］. 张博树，译. 重庆：重庆出版社，1989.
哈里森. 古代艺术与仪式［M］. 刘宗迪，译. 北京：三联书店，2008.
韩美群. 和谐文化论［M］. 北京：中国社会科学出版社，2010.
韩艳. 大学文化中仪式的思想政治教育功能研究［D］. 贵阳：贵州财经大学，2015.
郝苏民. 西北少数民族仪式考察［M］. 北京：学苑出版社，2006.
何明. 仪式中的艺术［M］. 北京：社会科学文献出版社，2011.
和学新，郭文良. 教育中政治仪式锻造国民性的可能与限度［J］. 西北师大学报（社会科学版），2016：(1).
亨廷顿. 文明的冲突与世界秩序的重建［M］. 周琪，等译. 北京：新华出版社，2010.
洪明. 成人仪式教育的基本模式及走向分析［J］. 中国青年研究，2014：(1).
胡宝国. 仪式教育在高校思想政治教育中的运用［J］. 思想理论教育，2009：(9).
胡长栓. 走向文化哲学［M］. 哈尔滨：黑龙江教育出版社，2008.
胡国勇. 日本学校仪式的教育史研究［J］. 华东师范大学学报（教育科学版），2010：(3).
胡锦涛. 胡锦涛文选：一卷［M］. 北京：人民出版社，2016.
胡锦涛. 胡锦涛文选：二卷［M］. 北京：人民出版社，2016.
胡锦涛. 胡锦涛文选：三卷［M］. 北京：人民出版社，2016.
胡凯. 现代思想政治教育心理研究［M］. 长沙：湖南人民出版社 2009.
胡文靖，陶漫. 高校思想政治教育中仪式活动的价值及其作用路径研究［J］. 长春理工大学学报（社会科学版），2015：(5).
胡志毅. 神话与仪式：戏剧的原型阐释［M］. 上海：学林出版社，2001.
胡志毅. 现代传播艺术：一种日常生活的仪式［M］. 杭州：浙江大学出版社，1997.
黄力之. 历史实践与当代问题［M］. 上海：上海人民出版社，2004.
黄美英. 文化的抗争与仪式［M］. 台北：前卫出版和，1995.
黄文博. 台湾民间信仰与仪式［M］. 台北：常民文化事业公司，2000.
霍泠屹. 我国学校仪式教育研究述论［J］. 西部素质教育，2016：(19).

加里宁. 论共产主义教育和教学［M］. 陈昌浩，沈颖，译. 北京：人民教育出版社，1981.

江泽民. 江泽民文选：一卷［M］. 北京：人民出版社，2006.

江泽民. 江泽民文选：二卷［M］. 北京：人民出版社，2006.

江泽民. 江泽民文选：三卷［M］. 北京：人民出版社，2006.

姜正国. 思想政治工作与社会主义核心价值体系研究［M］. 长沙：湖南人民出版社，2011.

教育部思想政治工作司. 思想政治教育原理与方法［M］. 北京：高等教育出版社，2010.

金克木. 文化的解说［M］. 北京：中国人民大学出版社，2007.

卡伦，等. 社会学的意蕴［M］. 8版. 张惠强，译. 北京：中国人民大学出版社，2011.

卡若·邓肯. 文明化的仪式［M］. 王雅各，译. 台北：远流出版事业公司，1997.

柯林斯. 互动仪式链［M］. 苏国勋，译. 北京：商务印书馆出版，2009.

寇清杰，胡银银. 灌输理论与推进当代中国马克思主义大众化［J］. 学校党建与思想教育，2010（8）.

寇清杰. 树立全球化时代的健康文化心态［J］. 南开学报（哲学社会科学版），2001：（9）.

寇清杰. 以高度的文化自信和自觉正确对待传统文化［J］. 思想理论教育导刊［J］. 2015：（5）.

寇清杰. 整体性视角下的马克思主义基本原理［J］. 南开学报（哲学社会科学版），2008：（7）.

寇清杰. 中国新文化的方向［M］. 天津：天津人民出版社，2002.

库小玲. 互动仪式链视角下的“边缘生”现象研究［D］. 南京：南京师范大学，2016.

拉兹洛. 多种文化的星球——联合国教科文组织国际专家小组的报告［M］. 戴侃，辛末，译. 北京：社会科学文献出版社，2001.

勒庞. 乌合之众：大众心理研究［M］. 戴光年，译. 北京：新世界出版社，2010.

雷骥. 现代思想政治教育的人性基础研究 [M]. 北京：人民出版社，2008.

黎力. 传统仪式的现代适应性 [M]. 上海：上海书店出版社，2011.

李合亮. 解析与建构：当代中国思想政治教育的哲学反思 [M]. 北京：人民出版社，2010.

李合亮. 思想政治教育探本. 关于其起源及本质的研究 [M]. 北京：人民出版社，2007.

李红真. 论学校常规活动仪式的育人功能——基于文化视角的认知与探索 [D]. 开封：河南大学，2009.

李辉. 思想政治教育本质认识分歧探源 [J]. 思想教育研究，2011 (7).

李辽宁. 解读思想政治教育本质的多重维度 [J]. 思想理论教育，2007 (11).

李鹏程. 当代文化哲学沉思 [M]. 北京：人民出版社，2008.

李群山，张朝举. "文化哲学" 与 "哲学文化" [J]. 理论探索，2005 (5).

李荣华，田晓伟. 大学生思想政治教育中的仪式：价值与路径 [J]. 思想理论教育导刊，2011 (2).

李禹兴. 思想政治工作是 "人学" [J]. 思想政治工作研究，1988 (9).

李跃忠. 演剧、仪式与信仰 [M]. 长沙：湖南人民出版社，2012.

李征. 马克思恩格斯思想政治教育理论与实践研究 [M]. 北京：北京大学出版社，2011.

李志清. 乡土中国的仪式性少数民族体育 [M]. 北京：中国社会科学出版社，2008.

栗英. 人性视野下思想政治教育的反思 [J]. 山东省青年管理干部学院学报，2010 (3).

林美容. 信仰、仪式与社会 [M]. 台北：中央研究院民族学研究所，2003.

刘奔. 交往与文化 [J]. 中国社会科学，1996 (2).

刘奔. 文化研究中的哲学历史观问题 [J]. 思想战线，2007 (2).

刘翠，等. 论仪式教育及其现代功能——以专业学位研究生培养中仪式教育实施为例 [J]. 安徽大学学报（哲学社会科学版），2011 (1).

刘建军. 论思想政治教育的科学化 [J]. 教学与研究，2011 (3).

刘建军. 思想理论教育原理新探 [M]. 北京：高等教育出版社，2006.

刘倩. 我国古代思想政治教育的主要方法及其现代启示 [J]. 北京教育学院学报, 2011 (1).

刘书林, 陈立思. 青年思想政治教育学原理 [M]. 北京: 中国青年出版社, 1999.

刘晓春. 仪式与象征的秩序 [M]. 北京: 商务印书馆, 2003.

柳海民. 教育理论的诠释与建构 [M]. 合肥: 安徽教育出版社, 2009.

柳丽. 试论仪式在社会主义核心价值观宣传教育活动中的作用 [J]. 江西理工大学学报, 2016 (4).

龙宝新. 论仪式文化对教师教育生活的建构功能 [J]. 扬州大学学报 (高教研究版), 2011 (4).

卢国龙, 等. 道教科仪研究 [M]. 北京: 方志出版社, 2009.

卢卡奇. 历史与阶级意识: 关于马克思主义辩证法的研究 [M]. 杜章智, 任立, 燕宏远, 译. 北京: 商务印书馆, 1999.

陆有铨. 现代西方教育哲学 [M]. 北京: 北京大学出版社, 2012.

路郁廷, 郭莉. 精神交往: 思想政治教育互动关系的本质 [J]. 教学与研究, 2014 (1).

罗洪铁, 董娅. 思想政治教育原理与方法基础理论研究 [M]. 北京: 人民出版社, 2005.

罗洪铁, 周琪, 王斌, 等. 思想政治教育学科理论体系演变研究 [M]. 北京: 中国社会科学出版社, 2012.

罗素. 宗教与科学 [M]. 徐奕春, 林国夫, 译. 北京: 商务印书馆, 1982.

马尔库塞. 单向度的人——发达工业社会意识形态研究 [M]. 刘继, 译. 上海: 上海译文出版社, 2008.

马尔库塞. 现代文明与人的困境 [M]. 李小兵, 等译. 上海: 上海三联书店, 1989.

马焕友. 思想教育学概论 [M]. 长春: 吉林教育出版社出版, 1986.

马文杉. 高校仪式教育的价值浅析 [J]. 武汉交通职业学院学报, 2016 (4).

马振清, 蒋雪莲. 纪念仪式: 推进爱国主义教育实践的重要载体 [J]. 社会主义核心价值观研究, 2016 (4).

曼海姆. 意识形态与乌托邦 [M]. 黎鸣, 李书崇, 译. 上海: 上海三联书店, 2011.

曼卡斯特．认同的力量［M］．二版．曹荣湘，译．北京：社会科学文献出版社，2006.
毛泽东．毛泽东选集：一卷［M］．北京：人民出版社，2003.
毛泽东．毛泽东选集：二卷［M］．北京：人民出版社，2003.
毛泽东．毛泽东选集：三卷［M］．北京：人民出版社，2003.
毛泽东．毛泽东选集：四卷［M］．北京：人民出版社，2003.
倪彩霞．道教仪式与戏剧表演形态研究［M］．广州．广东高等教育出版社，2011.
倪辉．大学仪式的形态、特点及功能：道德教育的视角［J］．华东师范大学学报（教育科学版），2012（3）.
牛心红．小学学校仪式设计 20 例［M］．北京：中国轻工业出版社，2013.
欧阳康．全球化时代的文化悖论与文化心态——21 世纪中华文化的战略选择［J］．学术月刊，2009（9）.
欧阳谦．人的主体性和人的解放——西方马克思主义的文化哲学初探［M］．济南：山东文艺出版社，1986.
潘传林．青年思想政治教育本质研究［D］．重庆：西南大学，2006.
佩尔尼奥拉，等．仪式思维［M］．吕捷，译．北京：商务印书馆，2006.
彭兆荣．人类学仪式的理论与实践［M］．北京：民族出版社，2007.
彭兆荣．文学与仪式：文学人类学的一个文化视野［M］．北京：北京大学出版社，2004.
皮亚杰．发生认识论［M］．王宪鈿，译．北京：商务印书馆出版，1981.
平章起，梁禹祥，刘景泉．思想政治教育基本理论问题研究［M］．天津：南开大学出版社，2009.
平章起，王迎新．教育中的文化不连续性与成年仪式［J］．教育科学，2010（4）.
平章起．成年仪式［M］．天津：天津古籍出版社，2002.
平章起．成年仪式的德育功能研究［M］．天津：南开大学出版社，2012.
戚庆菊．传播、技术与文化——詹姆斯·W. 凯瑞传播思想研究［D］．济南：山东大学，2013.
齐琨．仪式空间中的音声表述［M］．北京：文化艺术出版社，2011.
钱民辉．当代欧美教育人类学研究的核心主题与趋势［J］．北京大学学报（哲学社会科学版)，2005 (5).
邱叶. 高校校园文化中的仪式教育研究 [J]. 教育探索，2014 (1).
人民出版社. 全国教育工作会议文件选编 [M]. 北京：人民出版社，2010.
任平. 文化矛盾：现状与出路 [J]. 理论视野，2009 (9).
任平. 主体、交往与交汇点：生存哲学转向的三重意义 [J]. 哲学研究，2001 (12).
沙夫. 人的哲学 [M]. 程孟辉，译. 南京：江苏人民出阪社，1988.
邵飞. 学校仪式思想政治教育之社会价值 [J]. 长春理工大学学报 (社会科学版)，2014：(7).
邵广霞. 思想政治教育问题的理论求索 [M]. 长春，吉林大学出版社，2012.
沈壮海. 思想政治教育有效性研究 [M]. 武汉：武汉大学出版社，2001.
宋成剑. 精神生产视野中的思想政治教育 [M]. 北京：光明日报出版社，2011.
宋锡辉. 思想政治教育学元理论研究 [M]. 北京：中央编译出版社，2012.
宋孝忠. 传统成人仪式的教育意蕴 [J]. 成人教育，2007 (4).
宋元林. 中国传统文化与思想政治教育研究 [M]. 长沙：湖南大学出版社，2012.
苏令银. 主体间性思想政治教育研究 [M]. 上海：上海三联书店，2012.
苏振芳. 思想政治教育学 [M]. 北京：社会科学文献出版社，2006.
孙冬青. 试论新时期高校仪式活动的德育价值 [J]. 学校党建与思想教育，2016 (8).
孙丽丽. 伍尔夫教育仪式思想述评 [J]. 首都师范大学学报 (社会科学版)，2015 (6).
孙其昂. 关于思想政治教育本质的探讨 [J]. 南京师大学报 (社会科学版)，2002 (5).
谭凤娥. 论中国古代的思想政治教育 [J]. 重庆教育学院学报，2004 (1).
谭培文. 马克思主义经典著作选编与导读 [M]. 北京：人民出版社，2006.
汤姆林森. 全球化与文化 [M]. 郭英剑，译. 南京：南京大学出版社，2002.
唐桂娟. 从日常生活批判理论看思想政治教育的本质功能 [D]. 哈尔滨：黑龙江大学，2008.
唐佑之. 仪式与真义 [M]. 香港：卓越书楼，1997.
陶红. 教育价值观的研究—关于教育的哲学思考 [D]. 长春：吉林大学，2005.

特纳，等. 仪式过程［M］. 黄剑波，柳博赟，译. 北京：中国人民大学出版社，2006.

特纳. 象征之林［M］. 赵玉燕，译. 北京：商务印书馆，2006.

田增志. 文化传承中的教育空间与教育仪式——中国庙学教育之文化阐释与概念拓展［D］. 北京：中央民族大学，2010.

涂尔干. 宗教生活的基本形式［M］. 渠东汲，译. 北京：商务印书馆，2011.

王爱祥. 论仪式在高校社会主义核心价值观教育中的运用［J］. 学校党建与思想教育，2015（21）.

王柏中. 神灵世界：秩序的构建与仪式的象征［M］. 北京：民族出版社，2005.

王北生. 18岁成人仪式教育［M］. 郑州. 河南大学出版社，2012.

王彩霞. 18岁成人仪式教育活动的现状分析及对策研究［D］. 上海：华东师范大学，2008.

王贺兰. 当代中国青少年礼仪教育的反思与建构［D］. 石家庄：河北师范大学，2010.

王惠英. 中国古代思想政治教育研究综述［J］. 甘肃联合大学学报（社会科学版），2008（2）.

王杰文. 仪式、歌舞与文化展演［M］. 北京：中国传媒大学出版社，2006.

王晋. 教育仪式的社会学分析［J］. 教育理论与实践，2010（10）.

王丽娜，邓露. 哲学视角下思想政治教育者与受教育者的关系［J］. 改革与开放，2009（10）.

王丽琦. 理性灌输与诗意言说：当前高校道德教育的反思与超越［J］. 思想教育研究. 2011（5）.

王敏. 思想政治教育接受论［M］. 武汉：湖北人民出版社，2002.

王勤. 思想政治教育学新论［M］. 杭州：浙江大学出版社，2004.

王荣，滕星. 特纳的仪式理论对少数民族教育的启示［J］. 民族教育研究，2016（4）.

王荣. 论仪式教育在高校思想政治教育中的运用［J］. 学校党建与思想教育，2014（18）.

王升臻. 文化视角下思想政治教育本质新论［J］. 探索，2012（2）.

王淑英. 多元文化空间中的湫神信仰仪式及其口头传统［M］. 北京：民族出版社，2011.

王树荫. 论中国共产党 90 年思想政治教育的基本经验［J］. 思想理论教育导刊，2011（8）.

王挺之. 欧洲中世纪的教育［J］. 四川大学学报（哲学社会科学版），2001（3）.

王霄冰，等. 文字、仪式与文化记忆［M］. 北京：民族出版社，2007.

王霄冰. 仪式与信仰：当代文化人类学新视野［M］. 北京：民族出版社，2008.

王霄冰. 仪式与信仰［M］. 北京：民族出版社，2008.

王小锡，王建华. 高校思想政治工作概论［M］. 南京：南京大学出版社，1997.

王秀阁：论社会主义核心价值体系引领机制的建构［J］. 马克思主义研究，2010（1）.

王学检. 现代思想政治教育前沿问题研究［M］. 北京：人民出版社，2008.

王亚娟. 我国学校的教育空间与教育仪式现状及问题［J］. 教学与管理，2014（21）.

王义兴. 学校仪式的道德教育价值探析［D］. 曲阜：曲阜师范大学，2012.

王佑镁. 教育研究与设计的整合：欧美教育创新研究的范式革新［J］. 比较教育研究，2011（7）.

王宇. 仪式教育与大学生国家观念塑造探赜［J］. 学校党建与思想教育，2009（11）.

王宇翔，陈建华. 中国古代思想政治教育及其当代启示［J］. 沈阳大学学报，2011（1）.

韦伯. 新教伦理与资本主义精神［M］. 于晓，等译. 西安：陕西师范出版社，2002.

乌尔夫，赵雅量. 教育中的仪式：演示、模仿、跨文化［J］. 北京大学教育评论，2009（2）.

吴爱菊. 高校校园仪式的思想政治教育功能研究［D］. 武汉：华中师范大学，2015.

吴蓓，曹向阳. 当代大学生理想信念教育反思与建构［J］. 广西教育学院学报，2011（1）.

吴广庆. 思想政治教育的文化融入研究［D］. 北京：中共中央党校，2013.

吴晓蓉. 教育，在仪式中进行［M］. 成都：西南师范大学出版社，2003.

伍揆祁. 思想政治教育人文关怀论［M］. 北京：中国社会出版社，2007.

武东生，余一凡. 经典作家关于思想政治教育的思想述要［J］. 高校理论战线［J］.

2008 (2).

武东生. 关于思想政治教育学科建设的思考 [J]. 思想理论教育导刊, 2010 (9).

武东生. 思想政治教育与公民教育关系辨析 [J]. 思想理论教育导刊, 2013 (4).

武东生. 在新的历史起点上推进思想政治教育理论创新发展 [J]. 高校理论战线, 2009 (1)

谢炳国. 基督教仪式和礼文 [M]. 北京: 宗教文化出版社, 2008.

谢庆. 中国古代思想政治教育的主要方法 [J]. 中共郑州市委党校学报, 2007 (5).

谢热. 村落·信仰·仪式 [M]. 北京: 社会科学文献出版社, 2010.

辛格霍夫. 我们为什么需要仪式 [M]. 刘永强, 译. 北京: 中国人民大学出版社, 2009.

徐国亮. 思想政治教育——基于新视野的系统分析 [M]. 济南: 山东大学出版社, 2007.

徐建军. 大学生网络思想政治教育理论与方法 [M]. 北京: 人民出版社, 2010.

徐立峰. 学校仪式的异化及其价值的回归 [D]. 济南: 山东师范大学, 2012.

徐益亮. 学校仪式的思想政治教育个体价值研究 [J]. 山东青年政治学院学报, 2014 (1).

徐益亮. 学校仪式的思想政治教育价值研究 [D]. 芜湖: 安徽师范大学, 2014.

徐益亮. 学校仪式的思想政治教育价值之失落与实现 [J]. 山西大同大学学报 (社会科学版), 2014 (5).

闫引堂. 略论欧美教育平等研究的主要范式 [J]. 湖南师范大学教育科学学报, 2006 (3).

严颂华. 教育需要仪式 [J]. 思想理论教育, 2012 (14).

阎崴. 当代我国成年仪式教育功能及其实现研究——基于对北京某中学调查的多维比较分析 [D]. 北京: 中央民族大学, 2009.

燕良轼. 解读后现代主义教育思想 [M]. 广州: 广东教育出版社, 2008.

杨林香. 重温思想政治教育本质的现实意义 [J]. 学校党建与思想教育, 2008 (12).

杨巧. 道之以德, 齐之以礼: 传统社会的教化之道——中国古代思想政治教育仪式研究 [J]. 西北民族大学学报 (哲学社会科学版), 2013 (4).

杨巧. 试论社会主义核心价值观教育中的仪式建构 [J]. 教学与研究, 2014 (8).
杨未. 论仪式的思想政治教育功能 [J]. 思想理论教育导刊, 2010 (10).
衣俊卿. 论文化危机和文化批判 [J]. 求实, 2002 (6).
衣俊卿. 论文化转型的机制和途径 [J]. 云南社会科学, 2002 (5).
衣俊卿. 文化哲学——理论理性和实践理性交汇处的文化批评 [M]. 昆明: 云南人民出版社, 2005.
衣俊卿. 文化哲学十五讲 [M]. 北京: 北京大学出版社, 2004.
余一凡, 武东生. 中国马克思主义语境中的"思想政治教育" [J]. 长春工业大学学报 (社会科学版), 2008 (6).
俞思念. 社会主义现代化与文化创新 [M]. 北京: 人民出版社, 2006.
郁建兴. 马克思主义文化理论与现时代 [J]. 中国社会科学, 2001 (6).
翟杉. 仪式的传播力 [M]. 北京: 中国传媒大学出版社, 2014.
张闯. 马克思的教育哲学思想及其当代意义 [D]. 武汉: 武汉大学, 2011.
张岱年. 文化与哲学 [M]. 北京: 北京师范大学出版社, 2001.
张家军, 陈玲. 学校仪式教育的价值迷失与回归 [J]. 中国教育学刊, 2016 (2).
张家生. 人学研究与思想政治工作 [J]. 四川师范学院学报, 1996 (3).
张蓢萍, 张俊南. 思想政治工作概论 [M]. 西安: 陕西人民出版社出版, 1983.
张梅. 对当前我国校园仪式教育功能缺失的思考 [J]. 现代教育科学, 2014 (10).
张世欣, 周凌. 思想教育活力论——思想道德教育理念的若干 S 辨 [M]. 杭州: 浙江大学出版社, 2009.
张世欣. 思想政治教育规律论 [M]. 杭州: 浙江大学出版社, 2008.
张世欣. 中国古代思想道德教育史 [M]. 杭州: 浙江大学出版社, 2010.
张守信. 应充分发挥仪式教育的文化功效 [J]. 教学与管理, 2009: (28).
张彦. 思想政治教育主体性研究 [M]. 广州: 广东人民出版社, 2006.
张艳新, 赖雪梅. 现代思想政治教育本质新论 [J]. 探索, 2005 (4).
张泽洪. 道教神仙信仰与祭祀仪式 [M]. 北京: 文津出版社, 2003.
张泽洪. 文化传播与仪式象征 [M]. 成都: 巴蜀书社, 2008.
张正瑞. 对思想政治教育本质研究的回顾与思考 [J]. 思想教育研究, 2012 (2).

张志坤．我们为什么需要仪式教育？[J]．人民教育，2015（17）．

张志坤．仪式教育审视：教育人类学仪式研究视角 [J]．中国教育学刊，2011（12）．

赵建敏，张东红．积极心理学视阈下大学生仪式教育的创新探究 [J]．学校党建与思想教育，2014（24）．

赵鹏．意义·符号·互动——以特纳仪式理论视角下军队仪式分析为例 [D]．合肥：安徽大学，2014．

赵文娟．仪式·消费·生态 [M]．北京：知识产权出版社，2013．

赵晓雨．我国高校仪式文化研究 [D]．石家庄：河北科技大学，2013．

郑永廷，等．社会主义意识形态发展研究 [M]．北京：人民出版社，2002．

郑永廷．思想政治教育方法论 [M]．北京：高等教育出版社 1999．

郑宇，等．仪式类型与社会边界 [M]．北京：中国社会科学出版社，2013．

郑志明．民间信仰与仪式 [M]．台北：文津出版社，2010．

郑志明．中国神话与仪式 [M]．台北：文津出版社，2009．

中共中央关于构建社会主义和谐社会若干重大问题的决定 [EB/OL]．（2006-10-11）[2020-11-15]．http：//www.gov.cn/gongbao/content/2006/content_ 453176.htm?ivk_ sa=1024320u.

中共中央马克思恩格斯列宁斯大林著作编译局．马克思恩格斯选集：一卷 [M]．北京：人民出版社，1995．

中共中央马克思恩格斯列宁斯大林著作编译局．马克思恩格斯选集：二卷 [M]．北京：人民出版社，1995．

中共中央马克思恩格斯列宁斯大林著作编译局．马克思恩格斯选集：三卷 [M]．北京：人民出版社，1995．

中共中央马克思恩格斯列宁斯大林著作编译局．马克思恩格斯选集：四卷 [M]．北京：人民出版社，1995．

中共中央马克思恩格斯列宁斯大林著作编译局．列宁选集：一卷 [M]．北京：人民出版社，2009．

中共中央马克思恩格斯列宁斯大林著作编译局．列宁选集：二卷 [M]．北京：人民出版社，2009．

中共中央马克思恩格斯列宁斯大林著作编译局. 列宁选集：三卷［M］. 北京：人民出版社，2009.

中共中央马克思恩格斯列宁斯大林著作编译局. 列宁选集：四卷［M］. 北京：人民出版社，2009.

中共中央文献研究室. 建国以来重要文献选编：第一册［M］. 北京：中央文献出版社，1992.

中共中央文献研究室. 建国以来重要文献选编：第二册［M］. 北京：中央文献出版社，1992.

中共中央文献研究室. 建国以来重要文献选编：第三册［M］. 北京：中央文献出版社，1992.

中共中央文献研究室. 建国以来重要文献选编：第四册［M］. 北京：中央文献出版社，1992.

中共中央文献研究室. 建国以来重要文献选编：第五册［M］. 北京：中央文献出版社，1993.

中共中央文献研究室. 建国以来重要文献选编：第六册［M］. 北京：中央文献出版社，1993.

中共中央文献研究室. 建国以来重要文献选编：第七册［M］. 北京：中央文献出版社，1993.

中共中央文献研究室. 建国以来重要文献选编：第八册［M］. 北京：中央文献出版社，1994.

中共中央文献研究室. 建国以来重要文献选编：第九册［M］. 北京：中央文献出版社，1994.

中共中央文献研究室. 建国以来重要文献选编：第十册［M］. 北京：中央文献出版社，1994.

中共中央文献研究室. 建国以来重要文献选编：第十一册［M］. 北京：中央文献出版社，1995.

中共中央文献研究室. 建国以来重要文献选编：第十二册［M］. 北京：中央文献出版社，1996.

中共中央文献研究室. 江泽民论有中国特色社会主义 [M]. 北京: 中央文献出版社, 2002.

中共中央文献研究室. 十八大以来重要文献选编: 中 [M]. 北京: 中央文献出版社, 2014.

中共中央文献研究室. 十八大以来重要文献选编: 中 [M]. 北京: 中央文献出版社, 2016.

中共中央文献研究室. 十六大以来重要文献选编: 上 [M]. 北京: 中央文献出版社, 2005.

中共中央文献研究室. 十六大以来重要文献选编: 中 [M]. 北京: 中央文献出版社, 2006.

中共中央文献研究室. 十七大以来重要文献选编: 中 [M]. 北京: 中央文献出版社, 2011.

中共中央文献研究室. 十一届三中全会以来党的历次全国代表大会中央全会重要文件选编: 上 [M]. 北京: 中央文献出版社, 1997.

中共中央文献研究室. 十一届三中全会以来重要文献选读: 上册 [M]. 北京: 天民出版社, 1982.

中共中央宣传部, 中共中央文献研究室. 论文化建设——重要论述摘编 [M]. 北京: 中央文献出版社, 2012.

中共中央宣传部. 毛泽东邓小平江泽民论思想政治工作 [M]. 北京: 学习出版社, 2000.

中共中央宣传部. 习近平总书记系列重要讲话读本 [M]. 北京: 人民出版社, 2014.

中共中央宣传部理论局. 科学发展观学习读本 [M]. 北京: 学习出版社, 2006.

中共中央政策研究室. 江泽民论社会主义精神文明建设 [M]. 北京: 中央文献出版社, 2000.

钟建华. 仪式: 崇拜与有序的神圣 [M]. 北京: 中央民族大学出版社, 2008.

周笃佑. 民间实用典礼仪式手册 [M]. 北京: 中国工人出版社, 1992.

周光军. 天安门广场升旗仪式 [M]. 北京: 华夏出版社, 2000.

周鸿雁. 仪式华盖下的传播: 詹姆斯·W. 凯瑞传播思想研究 [D]. 上海: 上海大

学，2011.
周鸿雁. 隐藏的维度：詹姆斯·W. 凯瑞仪式传播思想研究［M］. 北京：中国大百科全书出版社，2012.
周茜蓉，程金生. 走向历史的深处一思想政治教育基本问题研究［M］. 南昌：江西人民出版社，2006.
周瑶. 学校中的教育仪式研究［D］. 上海：上海师范大学，2012.
周中之，石书臣，等. 现代思想政治教育理论与实践探微［M］. 北京：人民出版社，2009.
朱其东，孙其昂. 思想政治教育本质论的制度分析［J］. 探索，2011（3）.
朱希祥. 当代文化的哲学阐释［M］. 上海：华东师范大学出版社，2006.
祝禧. 在新生活学校文化仪式下［M］. 南京：江苏教育出版社，2012.
祖嘉合，代玉启. 思想政治教育理论研究中的问题与思考［J］. 思想理论教育，2010（9）.